apropos Rita Hayworth

Mit einem Essay von
Marli Feldvoß

Verlag Neue Kritik

Marli Feldvoß, geboren in Walldorf. Studium der Romanistik, Germanistik und Filmwissenschaft in Frankfurt und Paris. Veröffentlichungen in FR, FAZ, Funk und Fernsehen. Sie lebt als Publizistin und Filmkritikerin in Frankfurt am Main.

Bildnachweise:
Bettmann Archive: 44 links, 45, 53, 65, 67, 70
Bildarchiv Engelmeier: 51, 55, 57, 59, 61, 62
Deutsches Film-Institut: 52
Deutsches Film-Museum: 60, 63
Stiftung Deutsche Kinemathek: 54, 64, 74
dpa: 68, 69, 72, 73, 78, 80, 81, 83, 84
Transglobe Agency: 58, 75

Die Deutsche Bibliothek - CIP-Einheitsaufnahme
Apropos Rita Hayworth / mit einem Essay von Marli
Feldvoß - Frankfurt am Main: Verl. Neue Kritik, 1996
 (Apropos ; 6)
 ISBN 3-8015-0301-1
NE: Feldvoß, Marli; GT

© Verlag Neue Kritik KG Frankfurt am Main 1996
Umschlag Helmut Schade
Satz Delanor Frankfurt
Druck Druckerei Dan Ljubljana Slowenien
ISBN 3-8015-0301-1

Inhalt

Marli Feldvoß
Die zweite Haut

Eine Kopfbewegung genügt. Ungebändig kündigt die her-
umwirbelnde Haarmähne ihre Trägerin an. Eine rote Flut,
die sogar jeden Schwarz-Weiß-Film mit zitternder Leucht-
kraft erfüllt. Wenn sie nur aus dem Auto aussteigt,
scheint ihr dieses kurze, aber vitale Aufbäumen den nöti-
gen Schwung zu geben, um jene Lebensgeister zu wecken,
die sie in eine Leinwandgöttin verwandeln, die ihr eine
unverwechselbare Aura verleihen, die Aura des Stars Rita
Hayworth.
Das erotische Signal Rita Hayworth entfaltet bis heute
unverändert seine Wirkung, wenn Gilda mit jener unnach-
ahmlichen Kopfbewegung und mit einem vielsagenden
Blick über die Schulter auf der Leinwand erscheint. Diese
Einstellung, eine Großaufnahme, hat zusammen mit ihrer
zum Striptease deklarierten Tanznummer und dem berühmten Lied »Put the Blame on Mame« Filmgeschichte
geschrieben. Rita Hayworth ist allein der Grund, warum
Gilda heute ein Kultfilm ist. Aber Gilda zeigt sich nicht
nur, sie hat auch etwas zu sagen, auf ihre schnippische
selbstbewußte Art. In der deutschen Fassung hört sich das
so an: »Gilda, bist Du angezogen?« – »Ich?... Natürlich bin

8

ich angezogen.« In der Originalfassung kommt anspielungs-
reich das Wörtchen *decent* (anständig angezogen) zum Einsatz: »Gilda, are you decent?« – »Me?... Sure, I'm decent.«
Auch wenn Gilda dann brav den Träger zurück auf die
schöne Schulter schiebt, den provozierenden Blick nimmt
sie nicht zurück. Anständig ist eigentlich etwas anderes.

Rita Hayworth hat früh gelernt, wie man Wirkung erzeugt,
was Wirkung bedeutet. Sie konnte etwas vorstellen, sie
hatte scheinbar keine Mühe, mit einer Leinwandfigur wie
Gilda zu verschmelzen. Rita/Gilda, das ist mehr als ein
Wortspiel. Eine solche Titelentscheidung suggeriert die Identität von Rolle und Leben. Da wird etwas zum Verschwinden gebracht, und dieses Etwas ist Rita selbst. Rita Hayworth sagte von sich, daß sie in Wirklichkeit zwei Personen
sei, der Star auf der Leinwand und die Person im Leben.
Doch wo hört der Star auf und wo fängt die Person an?
»Alle Männer haben sich in Gilda verliebt, aber aufgewacht
sind sie mit mir.« Dieser Vorwurf richtete sich direkt an
Gilda-Erfinderin und Columbia-Drehbuchautorin Virginia
Van Upp, die Rita ihre Rollen auf die nackte Haut schnei-
derte. Diese zweite Haut saß wie angegossen, ein perfektes
Starkostüm, das die Unterschiede zwischen Wirklichkeit
und Abbild verwischen sollte. Und die Haut darunter machte dieses Spiel mit: sie sah zum Anfühlen echt aus. Ritas
Kameramänner waren begeistert, weil ihr Körper seine
natürliche Ausstrahlung behielt, wenn man ihn fotografierte. Die Kamera liebte Rita Hayworth, wie die Amerikaner sagen. Und die Zuschauer liebten sie abgöttisch, obwohl
sie, wie immer wieder eingewandt wird, nur ein gemachter
Star war, ein Studioprodukt, ein Artefakt.

Berühmt wurde sie in den Kriegsjahren als Cover-Girl, als Pin-Up für die Spinde der Soldaten, als Tänzerin und Sängerin, als hochgeschätzte Partnerin von Fred Astaire und Leinwand-Neuling Gene Kelly. Aber sie spielte nicht nur Rollen im Film, sondern auch im Leben: fünfmal Ehefrau, zweimal Mutter, und, vor allem, Tochter, die von klein auf tanzen mußte, verkleidet, mal als Spanierin, mal als Japanerin. Eine »authentische« Rita Hayworth gibt es nicht, sie geht auf in den verschiedensten Rollenbildern, sie bleibt gefangen im sogenannten Star-Paradox, einem Phänomen, das den Star in die Nähe des Zuschauers rückt, weil er ihm ähnlich und unähnlich ist, alltäglich und außergewöhnlich zugleich, eine komplexe Mischung aus Individuellem und Kollektivem, weil der Star immer die Summe seiner Erscheinungen in der Öffentlichkeit darstellt. Daß der Star durch eine »magische Synthese« gesellschaftlich unvereinbare Widersprüche versöhnen könne, behauptet der englische Filmkritiker Richard Dyer.

Die soziologische Betrachtung des Stars als gesellschaftliches Phänomen ist wiederum etwas anderes als die tatsächlichen Ereignisse im Leben eines Stars. Da häufen sich die Widersprüche, da kann keine Rede von Versöhnung sein. Unter welcher inneren Spannung Rita Hayworth in Wirklichkeit stand, zeigt ein Tag aus ihrem Leben, der 10. November 1947. An diesem Tag erscheint Rita Hayworth zum vierten Mal auf der Titelseite des LIFE-Magazine – nur Franklin Delano Roosevelt, der immerhin zwölf Jahre lang amerikanischer Präsident war, hat sie mit seinem Konterfei überrundet. Rita posiert: ein verlockender Augenaufschlag und leicht geöffnete glänzende Lippen, dazu ein Samtband mit Gemme streng um den zarten Hals geschlungen – eine keusche Schönheit mit erotischem Unterton. Das Ergebnis führt nichts anderes vor als den uralten Dualismus von Körper und Seele, von Jungfrau und Hure, der auf Amerikanisch *good-bad-girl* heißt. Aber dieses Starfoto war nur der glamouröse Aufmacher einer bis heute vielzitierten seitenlangen Titelgeschichte von Winthrop Sargeant, der Rita Hayworth zu »der« Liebesgöttin Amerikas erklärte.

Der Ehrentitel *Love goddess* war der ultimative Superlativ im publicity-hörigen Amerika. Die Göttliche, die einmalige und zeitlose Greta Garbo, war noch ganz Mysterium; Nachfolgerin Rita Hayworth war handfester, moderner, sie besaß eine offene fordernde physische Sexualität. In Technicolor wirkte sie atemberaubend. Tizianrotes Haar und braune Augen, ein sahniger Pfirsichteint – sie erfüllte die höchsten Erwartungen der amerikanischen Schönheitsapostel. Ihre als Werbemittel massiv eingesetzten anatomischen Daten, nicht nur Busen, Taille und Hüfte, sondern auch Oberschenkel, Wade und Knöchel, noch lautmalerisch ergänzt vom Klang eines kräftig schlagenden Herzens, das jedermann tiefgepreßt auf einer schwarzen Grammophonscheibe mit nach Hause tragen konnte, machten die *Love goddess* zu einem nationalen Eigentum. Rita war eine Hohepriesterin der Schönheit. Ihre Verehrung war Ritual. Daß diese göttliche Institution gleichzeitig mit der teuersten Werbekampagne in der Geschichte des Columbia-Studios in ihrem Film *Down to Earth* (1947) als Tanzgöttin Terpsichore vom Himmel auf die Erde befördert wurde, um dort als Tänzerin Kitty Pendleton Erfolg zu haben, zeigt geradezu exemplarisch die enge Verflechtung von Verkaufsstrategie, Zuschauerbedürfnis und maßgeschneidertem Filmplot.

Wie eine Ironie des Schicksals und alles andere als göttlich nimmt sich daneben das irdische Scheitern dieser Aphrodite-Inkarnation aus, die ausgerechnet an diesem Tage, am 10. November 1947, als ihr die höchsten Starehren zuteil wurden, in Los Angeles von ihrem zweiten Ehemann Orson Welles geschieden wurde.

Das illustre Paar Rita Hayworth-Orson Welles war, wie später Marilyn Monroe und Arthur Miller, von der Presse von Anfang an als spektakuläre Mesalliance von *the Beauty and the Brain* gefeiert worden. Hollywood stand damals unter der Observation so legendärer Klatsch-Kolumnistinnen wie Elsa Maxwell oder Louella Parsons, und es gehörte zum guten Ton, die Damen zu wichtigen Ereignissen für eine Exklusivberichterstattung einzuladen. Eine etwas ernsthaftere Auseinandersetzung mit dem Kino und dem Starphänomen fing zwar in den vierziger Jahren an, zumindest in Amerika, hat sich aber erst in den letzten zwanzig Jahren vertieft und verwissenschaftlicht. Über das Paar Rita Hayworth und Orson Welles hat vor allem die Biografin Barbara Leaming, auf der Basis von zahlreichen Interviews mit Orson Welles und vielen Zeitzeugen, neue Erkenntnisse gefördert. Rita selbst war für ihre Diskretion bekannt. Sie war stets bemüht, ihr Privatleben durch Schweigen und Reserviertheit gegenüber der Presse zu schützen. Sie stand deshalb zusammen mit Jean Arthur – beide waren damals »die« Spitzenstars von Columbia – ganz oben auf der schwarzen Liste der in Pressekreisen unbeliebten und deshalb häufig gerügten Stars, die sich in Sachen Privatleben am meisten zugeknöpft gaben.

Die Bilder zu einer solchen Story erzählen jedoch oft eine ganz andere Geschichte. Zur ersten Scheidung Rita Hayworths von Ed Judson im Jahre 1942 ging ein Foto durch die Presse, das sie an der Seite ihrer Mutter vor dem Gerichtssaal sitzend zeigt. Beide Damen unter großen Hüten, mehr versteckt als behütet. Rita mit großen Augen, mit einem hilfesuchenden Gesichtsausdruck, mit ängstlich verschränkten Beinen, in einer höchst ungraziösen und vor allem für eine Tänzerin sehr unkontrollierten Haltung. Ein Augenblick der Selbstvergessenheit. Ein Augenblick der Wahrheit?

Und was sind das für Bilder, die nicht mehr zu sehen waren? Rita Hayworth im Endstadium der Alzheimer-Erkrankung, unruhig umherwandernd oder, reglos und sprachlos, mit starrem Blick in ihrem Sessel sitzend, vergessen, entmündigt, ein Pflegefall in der Obhut der Tochter Yasmin. »Er machte das so« oder:»Er zeigte mir, wie ich das machen sollte.« Das sind die letzten von Rita Hayworth überlieferten Sätze, aber niemand wußte, wen sie meinte. Als sie 1987 verstarb, waren in den Nachrufen Formulierungen wie»unzerstörbare Schönheit« an der Tagesordnung. Man wollte noch einmal das unvergleichlich schöne und unvergängliche Bild eines Stars in Erinnerung rufen. Aber genaugenommen war dieses Bild, *The Image*, Rita Hayworths größter Feind.

Sie mußte es schließlich am besten wissen, und sie wußte es auch bald, daß ihre Männer, zumindest Orson Welles und Ali Khan, in ihre überwältigende Leinwanderscheinung verliebt waren und von der schüchternen, anschmiegsamen, liebebedürftigen, abhängigen Frau, die zu Hause an ihren Frackschößen hing, eher enttäuscht wurden. Als »ein liebes, scheues, ungebildetes, furchtsames, schönes Kind, dessen Leben eine einzige Tragödie war«, so schildern Orson Welles älteste Freunde, das Lehrerehepaar Horty

und Skipper Hill, ihre wie selbstverständlich angenomme-
ne neue Freundin Rita, die bei ihnen für kurze Zeit so etwas
wie familiäre Geborgenheit fand. Rita wurde ein Leben lang
erzogen, trainiert, kontrolliert, ausgerichtet, zugerichtet.
Sie sei einfach zu passiv, zu anpassungsbereit gewesen, sie
hätte es immer allen rechtmachen wollen, sie hätte sich
stets den Wünschen der Männer unterworfen, sagen selbst
ihre Freunde.

Sie haben sicher nicht unrecht, aber wo waren ihre Freunde, als sie ihre Ratschläge und ihren Beistand brauchte? Als
Rita am 2. April 1951 mit dem Luxusdampfer De Grasse im
Hafen von New York einlief, mußte sie sich ganz allein, nur
begleitet von ihren zwei Töchtern Rebecca und Yasmin und
ihrem französischen Kindermädchen, den achtzig sensa-
tionslüsternen Reportern stellen. Alle berichteten von ihrer
Rückkehr nach Amerika, die in Wirklichkeit eine Flucht
aus dem fürstlichen Château de l'Horizon war, der Anfang
vom Ende ihrer Ehe mit Ali Khan. Der *New York Herald
Tribune* war dieses Ereignis sogar einen Zweispalter mit
Foto auf der Titelseite wert. Rita, im teuren Pelz mit fla-
chen Krokodillederschuhen, wirkte ruhig und nachdenk-
lich, aber sie sprach mit einer Stimme, die kaum über den
Flüsterton hinauskam. Auf die Frage, ob sie jetzt mit
»Prinzessin« angesprochen werden wollte, konterte sie
schlagfertig: »I just want to be known as Rita Hayworth.«

Rita Hayworth, die eigentlich Margarita Carmen Cansino
hieß, hatte von Anfang an das falsche Geschlecht. Die Geburt seines ersten Kindes am 17. Oktober 1918 war für den
spanischen Tänzer Eduardo Cansino eine einzige Enttäu-
schung. Erst als sich herausstellte, daß Margarita und

nicht ihre beiden Brüder die tänzerische Begabung geerbt hatte, stieg sie in seiner Beachtung und wurde mit vier Jahren in das Tanzstudio von Onkel Angel in der Carnegie Hall geschickt. Nach eigenen Wünschen befragt wurde in dieser Familie, die in Spanien eine ganze Ahnentafel voller Tänzer aufzuweisen hatte, eigentlich keiner. Daß Margarita zwei Jahre darauf in die Schule gehen durfte und auch später die Schulbildung nicht ganz vernachlässigt wurde, verdankt sie nur ihrer Mutter, die englisch-irischer Abstammung war. Volga Hayworth war zwar mit Theaterflausen im Kopf mit sechzehn von zu Hause ausgerissen, kurze Zeit als Showgirl bei den Ziegfeld Follies aufgetreten und bei der Familie in Ungnade gefallen, weil sie den dahergelaufenen Spanier heiratete, ihre bürgerliche Erziehung hatte sie jedoch nicht ganz vergessen. Eduardo Cansino, an der Seite seiner Schwester Elisa der führende Part in dem Tänzer-Duo *The Dancing Cansinos,* stand damals auf dem Höhepunkt seiner Karriere.

Die beiden waren 1913, siebzehn und neunzehn Jahre alt, mit zwanzig Dollar in der Tasche in Amerika angekommen und waren mit ihren spanischen Tanznummern in den Vaudeville-Theatern bald gefragter als Fred Astaire und seine Schwester Adele. Doch Fred Astaire schaffte mühelos den Sprung zum neuaufkommenden Tonfilm, während der Englisch radebrechende Eduardo Cansino, der obendrein Analphabet war, mit seinem Umzug von der Ostküste nach Los Angeles und der Eröffnung einer Tanzschule am Sunset-Boulevard im Jahr des Börsenkrachs 1929 langsam in die roten Zahlen geriet.

Jetzt mußte die kleine Margarita der Familie auf die Sprünge helfen. Um das Verbot der Kinderarbeit zu umgehen, trat Eduardo mit der Zwölfjährigen in den schwimmenden Spielhöllen außerhalb der Drei-Meilen-Zone auf, ab Weihnachten 1932 jenseits der Grenze, zunächst im Foreign Club im mexikanischen Tijuana, später im Prominentenclub Agua Caliente, wo Rita schließlich auch für den Film entdeckt wurde. Margaritas Schulmädchenzöpfe waren gefallen, ihr braunes Haar war tiefschwarz gefärbt, in der Mitte gescheitelt und zu einem Knoten gewunden. Sie sah aus wie eine Mexikanerin und wurde von vielen noch bis in die siebziger Jahre für eine Mexikanerin gehalten. Aus dem Pummelchen schälte sich langsam eine Frau heraus. Wenn sie das Haus verließ, wurde sie verkleidet, mit Hut, Kostüm und Stöckelschuhen. Sie spielte die Frau an der Seite ihres Vaters. Die Anrede »Vater« war deshalb für sie in der Öffentlichkeit tabu.

Rita, immer noch minderjährig, entfaltete auf der Bühne mit provokativen Tanznummern die sinnliche Explosivkraft einer reifen Frau, während sie *off stage* nach wie vor durch übergroße Schüchternheit auffiel. Margarita war mit vier Shows täglich, zusätzlichen Proben und ein bißchen Schule vollbeschäftigt und kam nie vor zwei Uhr nachts ins Bett. Der größte Erfolg der beiden war eine »Bauern-Nummer«, die mit einer Mund-zu-Mund Szene endete, ähnlich dem Kinderspielzeug, wenn zwei Holztauben sich küssen. In den Pausen schloß Eduardo seine Tochter in der Garderobe ein, sie hatte keine Freunde, sie hatte vor ihrer Hochzeit nur ein einziges *date,* das von ihrem Vater am Nebentisch eifersüchtig observiert wurde, aber sie beklagte sich nie. Sie hatte die Familie zu ernähren. An das Leben in Künstlerhotels war sie aus ihrer Kindheit gewohnt. Aber dann nahm man ihr auch noch die Jugend.

Das extrem protektive Verhalten des Vaters hat man gern mit seiner spanischen Herkunft, mit dem Verhaltenskodex eines »Latino« entschuldigt. Für die Biografin Barbara Leaming, die sich auf einen Hinweis von Orson Welles bezieht, war es Inzest. Sicher ist, daß Rita Hayworth, obwohl sie ein gefeierter Star war, zeitlebens unter extremer Unsicherheit, leichter Verletzbarkeit und großen Gefühlsschwankungen litt, daß sie nur bei intensiver sexueller Zuwendung und symbiotischer Nähe an eine Liebesbeziehung glaubte, daß sie, wie unter Wiederholungszwang, immer wieder die falsche Wahl traf, sich die falschen Männer aussuchte, die, wie Orson Welles und Ali Khan, aus einem für sie nur schwer überwindbaren fremden Milieu kamen oder die anderen, die sie nur ausnutzten. Vieles spricht, psychologisch betrachtet, für den Inzest: eine klassische Familienkonstellation, ein tyrannischer, narzißtischer und traumatisierter Vater, der bei schwindendem Erfolg und Vernachlässigung durch seine kränkelnde, alkoholgefährdete Ehefrau, Trost und Bewunderung bei seiner Tochter sucht und sie zum Opfer macht. Ein weiteres Indiz dafür ist die entschiedene Ablehnung, die Rita zeitlebens gegenüber ihrem Vater bekundete, daß sie ihn, will man Orson Welles glauben, sogar haßte. Daß sie dann mit dem erstbesten Mann durchbrannte, der zweiundzwanzig Jahre älteren Vaterfigur Eddie Judson, der sie nach allen Regeln der Publicity-Kunst erst zum Pin-Up, dann zum Star aufbaute, sie zum Sex mit anderen Männern zwang, wenn es ihrer Karriere diente, paßt ins Bild einer in vieler Hinsicht mißbrauchten jungen Frau.

Rita durchlebte das berühmte Drama des begabten Kindes von Anfang bis Ende. Mit ihrer Körperbegabung und Schönheit sollte sie die unerfüllten Karriere-Wünsche der

Eltern doch noch verwirklichen. Sie tat es ehrgeizig und widerspruchslos. Der erste Ehemann brauchte das von den Eltern begonnene Werk nur noch zu vollenden. Margarita hieß bereits Rita Cansino und hatte schon einige kleine Filmauftritte hinter sich, als sie sich kennenlernten. Ihr Entdecker Winfield Sheehan,Vize-Präsident von Fox-Film-Corporation, wollte sie zu einem südländischen Typ aufbauen, zur Nachfolgerin der Mexikanerin Dolores Del Rio (die, wie sich später erweisen sollte, Ritas Vorgängerin im Liebesleben von Orson Welles war); sie wurde deshalb, wie es im Filmgeschäft heißt, in »ethnischen Rollen« eingesetzt, als Argentinierin, Inderin, Russin oder auch als illegale Ausländerin Carmen Zoro in den billigen *B-pictures,* Serien, Western. Dann übernahm Eddie Judson die Regie in Ritas Leben. Sie heirateten, als der Sieben-Jahres-Vertrag bei Columbia unter Dach und Fach war. Sie war achtzehn, er einundvierzig Jahre alt. »Ich heiratete ihn aus Liebe, aber für ihn war ich eine Investition. Er nahm mich unter seine Fittiche und behandelte mich fünf Jahre lang, als hätte ich keine eigene Meinung oder keine Seele.« Solche Einsichten kamen Rita leider viel zu spät. Tatsache war, daß der ehemalige Autoverkäufer, der sich als »Öl«-Mensch ausgab, eine undurchsichtige Figur, ebenfalls von Ritas Einkünften von 200 Dollar in der Woche lebte.

Der Star Rita Hayworth nahm unter Judsons Händen und unter den Augen des Columbia-Bosses Harry Cohn langsam Gestalt an. Ritas Problemzone waren ihre unfrisierbaren Haare, sie waren zu störrisch, zu üppig, zu schwarz. Rita sah aus wie eine Carmen, eine klassische spanische Tänzerin. Columbias Chef-Friseuse Helen Hunt, die wie viele andere in Rita keineswegs den aufsteigenden Stern entdekken konnte, kümmerte sich, auf Judsons Drängen hin, um Ritas viel zu tiefen Haaransatz und schlug eine Elektrolyse-Behandlung vor. So wurde sorgfältig Linie um Linie auf ein Porträtfoto gemalt, um den zu kreierenden Haaransatz genau festzulegen. Rita ging nicht freiwillig zwei Jahre lang zu den schmerzhaften Sitzungen, sondern, weil Judson es so entschieden hatte. So wurde Rita Cansino zu Rita Hayworth. Aus der von Natur aus dunkelbraunen Haarpracht entstand eine tizianrote duftige Haarfülle, deren schwebende Leichtigkeit an den Drehtagen in einer allmorgendlichen langwierigen Prozedur mit Waschen und Trockenbürsten immer wieder neu hergestellt werden mußte. Die Namensänderung auf den Mädchennamen der Mutter, der einen guten amerikanischen Klang hatte, war Harry Cohns Beitrag zur Verwandlung. Aus der Spanierin mit mexikanischem Einschlag war jetzt eine Amerikanerin geworden.

Der Erfolg ließ nicht lange auf sich warten. Harry Cohn brauchte für sein kleines, unter Erfolgszwang stehendes Studio dringend einen eigenen großen Star, aus Profilierungsgründen, aber auch, um die Stars für seine Filme nicht für teures Geld bei den größeren Studios ausleihen zu müssen. Im Studiosystem Hollywoods herrschten strenge Regeln. Jedes Studio pflegte seinen eigenen Stil und die dazugehörigen Stars, die, wie die Regisseure, Drehbuchautoren und der gesamte technische Stab, festangestellt waren. Das Sternchen Rita bekam also in Howard Hawks *Only Angels Have Wings* (1939) neben den Stars Jean Arthur und Cary Grant eine Chance. Sie spielte die Rolle der »anderen Frau«, die Ex-Freundin von Cary Grant in einem, was die Frauenfiguren anbelangt, eher untypischen Hawks-Film. Im Gegensatz zu

den als ausgesprochen frauenfeindlich angesehenen Regis-
seuren wie John Huston oder Stanley Kubrick – im übri-
gen gehört dazu auch Orson Welles – hat Hawks seine
Protagonisten oft in ein ironisches Geschlechter-Geplänkel
verwickelt und sie als gleichwertige Partner inszeniert, die
sich auf einer ganz realen Ebene zu einem Happy-End
zusammenraufen konnten. Hawks ist kein Regisseur des
film noir mit seinen fatalen Beziehungen und seinen bedroh-
lichen Frauenfiguren, aber Ritas Auftritt in diesem Film kündigt schon die *femme fatale* ihrer späteren Filme an, eine
Frau mit einer undurchsichtigen Vergangenheit, atemberaubend schön, aber gefährlich.

An das Zusammentreffen mit Hawks erinnerte sich Rita
nur ungern. Er hätte nicht allzu viel von ihrer Schauspiel-
kunst gehalten und ließ einen Krug mit Eiswasser über sie
ausgießen, als sie »betrunken« spielen sollte, um sie wenig-
stens zu einer »natürlichen« Reaktion vor der Kamera zu
veranlassen. An anderer Stelle werden Hawks Einsichten
in die Fähigkeiten und die Psyche seines Nachwuchsstars
etwas verständnisvoller beschrieben, daß er nämlich genau
wußte, wieviel Angst das *Baby* Rita in Wirklichkeit auf dem
Set hatte. Neben Größen wie Cary Grant und Jean Arthur
war sie anscheinend so verunsichert, daß sie zeitweilig wie
paralysiert war und überhaupt nicht mehr wahrnahm, wo
sie war oder was sie spielen sollte.

»Wenn sie richtig gut war, war Rita irgendwie unwirklich.
Sie war eine Figur wie aus einem Märchen. Sie hatte eine
Art Schönheit, die in den Filmen, die ich mache, nicht
vorkommt. Deshalb habe ich nie mehr mit ihr gearbeitet.«
Hawks bewunderte auch ihre Haltung, die Tänzerin in ihr,
die mit ihrem Körper einen Ort im Raum zu besetzen ver-

stand, und er sah ihren Sex-Appeal, der nur richtig für die Leinwand genutzt werden mußte. Ähnlich hat sich später Rouben Mamoulian über sie geäußert, mit dem sie *Blood and Sand* (1941), ihren ersten Technicolorfilm, drehte. Er bewunderte ihren ausgewogen schönen Gang, eine Seltenheit auf Bühne und Leinwand, und stellte sie in eine Reihe mit Greta Garbo, Katherine Hepburn und der Tänzerin Cyd Charisse. Bei ihm durfte sie die Rolle der verführerischen, aber herzlosen Spanierin Doña Sol, spielen, wieder eine *femme fatale.* Man könne diese Figur nicht spielen, sagte Mamoulian im Hinblick auf Rita, man müsse sie einfach sein. Rita hatte das, was Doña Sol brauchte, *sophistication,* diese ins Deutsche so schwer übersetzbare Qualität, die immer mit der Aura einer Person zu tun hat. Ritas Ausstrahlung war von der Eleganz ihrer Bewegungen nicht zu trennen. »Sie war wie eine große Katze.« Das sagten ihre Bewunderer schon, als sie noch in den Clubs an der Seite ihres Vaters auftrat.

Rita Hayworth hatte einfach ein mitreißendes tänzerisches Temperament, und sie war auch in erster Linie Tänzerin. Anders als die meisten Tänzer, die ihre Bewegungen von den Beinen ausgehend entwickeln, scheinen Ritas Bewegungen von unten nach oben zu verlaufen. Sie organisiert ihre Antriebskraft von den Knien aus und läßt sie in den Oberkörper fließen. Wenn sie beim Tanzen dann die Schultern zurücknimmt, kann sie ihren Körper sehr wirkungsvoll mit kreisenden Hüftbewegungen vorwärtsschieben. Ritas Tanzstil ist mit seinen vertikalen Bewegungsabläufen von den spanischen Tänzen inspiriert. Da spürt man ihre Ausbildung, die immer Grundlage ihrer Tanzauffassung geblieben ist. In die Stepnummern mit Fred Astaire wurden extra für Rita die eher kontemplativen lateinamerikanischen Rumba- oder Sambapassagen eingebaut, die zum sehr schnellen, raumgreifenden und horizontal orientierten Steptanz in starkem Kontrast standen, und umso mehr Ritas erotische Wirkung herausstellten. Die Sprungfiguren als Übergang zwischen den einzelnen Tanzstilen betonten das Kraftvolle, aber auch den Spannungsaufbau innerhalb der Nummern.

Rita schien wie geschaffen dafür, zur neuen festen Tanzpartnerin für Fred Astaire zu werden. Fred Astaire und Ginger Rogers waren das Traumpaar der dreißiger Jahre. Sie hatten zehn Filme lang für das RKO-Studio getanzt, aber dann wollte Ginger Rogers ins dramatische Fach wechseln. Deshalb konnte Harry Cohn Fred Astaire für sein Studio ausleihen und besaß einen großen Namen als Zugpferd, um wiederum seinen neuen Star einzuführen, der als musikalische Rivalin zu Judy Garland und Betty Grable aufgebaut werden sollte. In den beiden Musikfilmen mit Fred Astaire *You'll Never Get Rich* und *You Were Never Lovelier* (1941 und 1942) konnte Rita Hayworth endlich ihre Virtuosität als Tänzerin unter Beweis stellen, nur, sie durfte nicht singen. Sie wollte unbedingt eine Gesangsausbildung machen, aber Cohn lehnte es immer wieder ab. Ihre Singstimme wurde synchronisiert und damit basta. Ihm war das finanzielle Risiko zu groß. Er sparte auch am Filmmaterial. Es wurde in Schwarzweiß gedreht, erst 1944 durfte Rita Hayworth als *Cover Girl* wieder ihre rote Haarpracht auf der Leinwand leuchten lassen.

Mit ihrer guten Auffassungsgabe und ihrer Bereitschaft, hart zu arbeiten, hat Rita auf den Spitzenstar Fred Astaire damals großen Eindruck gemacht. »Es gab niemanden, der so schnell wie sie neue Schritte lernen konnte. Wenn ich ihr eine Schrittfolge vor dem Lunch zeigte, konnte sie das Ganze gleich danach perfekt tanzen. Sie mußte die Nummer beim Essen im Kopf geprobt haben.« Sie war auch keineswegs eine Kopie von Ginger Rogers, sondern wurde als eine sehr eigenständige Tanz-Partnerin eingeführt. Für Hayworth ist Tanz genauso wie für Astaire Selbstausdruck. Ihre Paarnummern sind zwar auch romantische Begegnungen, die eine Liebesgeschichte vorantreiben, aber Ritas Tanzstil entfernt sich deutlich vom assimilierenden Tanzstil der Rogers, die Astaire stets den Vortritt für seine Selbstdarstellung, seine Manierismen, kleine ornamentale tänzerische Details, gelassen hat. Das Tanz-Paar Astaire-Hayworth zielt nicht auf Verschmelzung, sondern auf Einzelleistung und bereitet durchaus Ritas spätere exzentrische Solonummern als *femme fatale* vor. Gerade in den späteren Jahren hat Rita Hayworth die Bedeutung ihrer Arbeit mit Fred Astaire immer wieder hervorgehoben: »Ich glaube, daß die Filme mit Fred Astaire die einzigen ›Juwelen‹ in meinem Leben waren. Auch Fred Astaire meinte, daß ich seine beste Partnerin war. Das sind die einzigen Filme, und natürlich auch *Cover Girl,* die ich mir heute anschauen kann, ohne in ein hysterisches Gelächter auszubrechen.«

Schade, daß Rita sich lieber in den Schatten eines großen Tänzers stellte, statt ihrer eigenen Entwicklung zu vertrauen. Über ihren späteren Film *Affair in Trinidad* (1952) haben Film- und Tanzexperten heftig gestritten. In Tanzkreisen lobte man die mit der Choreographin Valerie Bettis erarbeiteten Szenen, die, ganz anders als ihre früheren

Filme, Elemente des *modern dance* enthalten. »Wenn die Bewegung richtig ist, vermittelt sie Tänzer wie Publikum wieder das Gefühl, das sie ursprünglich ausgelöst hat.« (Valerie Bettis)

Aber was für ein Gefühl löst Ritas Eröffnungstanz aus, der noch zur Exposition des Films gehört, mit dem sie sich quasi vorstellt, der mit dem Lied: »It's only that I do what I love and love what I do« verbunden ist? Da ist zuerst eine Schulterbewegung, dann noch eine, da ist Widerspruch, da ist etwas Kraftvolles, Erdverbundenes, Frauliches. Rita wird nicht mehr von einer dritten Person eingeführt wie bei *Gilda,* sondern trägt selbst ihre narzißtischen Wünsche vor. Sie spricht von sich selbst, und sie tanzt sich selbst, barfuß, wie eine Carmen, nicht auf den hohen fetischisierten Absätzen des Glamourgirls. Sie ist glaubwürdig, denn im Jahre 1952 steht dahinter die allseits bekannte Film- und Lebensgeschichte einer *Love goddess.* Sie zeigt von Anfang an, wofür sie steht: für Bewegung.

Wie sehr gerade der Tanz ein weibliches Publikum anspricht, wie wichtig er als Auslöser für Veränderungs- und Fluchtphantasien ist, daß er auch eine eigene Leistung repräsentiert, wurde lange von der feministischen Filmkritik übersehen. Der Tanz erlaubt dem weiblichen Körper, in seiner ureigenen selbstgewählten Sprache zu sprechen, damit steht er außerhalb des inzwischen klassisch-feministischen Interpretationsansatzes, der die Frau des klassischen Hollywood-Kinos primär als Schauobjekt für die männliche Schaulust analysiert. Der weibliche Körper ist ein »energetischer Körper«, der den weiblichen Zuschauer miteinbezieht, indem er Lust macht, auch dazu mitzutanzen. Die Musiknummer oder das Musical bieten ganz ein-

24

fach einen anderen Diskurs und andere Identifikationsprozesse an. Hier wird die »normale« Hierarchie Hollywoods umgekehrt: das Bild wird dem Ton untergeordnet, der Ton bestimmt die Bewegung.

Die ersten vier Musikfilme, die Rita Hayworth von 1941 bis 1945 für die Columbia drehte, bewegten sich im wesentlichen im Fahrwasser der dreißiger Jahre. Das Musical-Genre, der »Musikfilm« war damals im Einklang mit der New Deal-Politik Roosevelts entwickelt worden und sollte ein optimistisches Weltbild verkaufen. Hayworths Filme waren eigentlich noch »Friedensfilme«, die typischen Komödien mit Musikeinlagen, die beruhigende Gegenbilder zum Zeitgefühl anboten und reines Unterhaltungskino waren. Daß Amerika inzwischen in den Krieg eingetreten war, wurde nur spärlich in die Handlung eingeflochten. Einmal wirbt sie auf einem Plakat für Kriegsanleihen. Rita spielte in drei von vier Filmen ein Showgirl, vom Typ her eine selbstbewußte junge Frau, draufgängerisch und ironisch, aber auch sentimental und verletzbar, modern, aber nicht unbedingt unabhängig.
Rita drehte keine sogenannten *women's pictures,* Melodramen, die große weibliche Identifikationsfiguren hervorbrachten und sich mit ihrem Plot besonders an ein weibliches Publikum richteten, erst *Gilda* gehört in diese Kategorie; sie spielte auch keine aggressiven Frauenrollen wie Bette Davis oder Katherine Hepburn, die das Patriarchat in Frage stellten. Sie blieb eine gezügelte Figur, eine junge Frau unter Kontrolle. Aber sie tanzte. In *Cover Girl* schwebt sie eine riesige Treppenflucht herab, vom Himmel auf die Erde. Allein.

Ritas Rollenbilder entsprachen dem Zeitgeschmack, sie bewegte sich mit ihren Filmen auf einer Gratwanderung, die zwei gegenläufige Interessen verbinden konnte. Für die Soldaten an der Front war sie ein Sexsymbol, eine begehrenswerte Frau, aber sie beunruhigte nicht die zurückgebliebenen Frauen mit einer gefährlichen Sinnlichkeit, denn auf der anderen Seite unterstützte sie deren neuentdeckte persönliche und ökonomische Freiheit. Rita war das *Cover Girl* Rusty, das erfolgreiche Mädchen von nebenan, dem eine Karriere vom Showgirl zur Titelbildschönheit gelang, nicht im Badeanzug, sondern im Brautkleid für eine Hochzeitsnummer. Die Story des Films bis hin zum väterlichen Freund, der sie entdeckt und fördert, erinnert stark an Ritas tatsächliche Lebensgeschichte, und das sollte immer wieder so sein. Jedenfalls gelang ihr, indem sie auch als Star bei Frauen und Männern gut ankam, tatsächlich so etwas wie eine »magische Synthese«, die nach Richard Dyer die gesellschaftlichen Widersprüche auf der Leinwand versöhnen konnte. Rita Hayworth gab mit dieser Rolle das Versprechen, daß jede Frau erfolgreich sein kann, daß jede Frau ein Recht auf eine Karriere hat, daß sie aber diesen Weg nicht allein gehen, sondern sich dem Mann unterordnen soll, den sie liebt.

Rita Hayworth wurde berühmt als Pin-up. Bereits 1940 waren mehr als 3.800 Stories über sie erschienen und ihr Bild war über 12.000 Mal reproduziert. In Begleitung ihres Ehemanns Eddie Judson war sie jeden Abend in teuren Kleidern durch die Clubs gezogen, um fotografiert zu werden und um Leute kennenzulernen. Der durchschlagende Erfolg kam jedoch mit ihrem ersten LIFE-Titelbild vom 11. August 1941. LIFE spielte damals eine wichtige Rolle für die Filmindustrie; ein LIFE-Titel war schon die halbe Karriere. Die berühmte Aufnahme von Bob Landry wurde mit einer Auflage von über fünf Millionen das bekannteste Bild von Rita Hayworth, nur Pin-Up-Star Betty Grable konnte Rita auflagenmäßig überrunden. Der Unterschied: die kesse Betty Grable, eine richtige Kriegsbraut mit unverblümter sexueller Direktheit, posierte mit viel Bein im weißen Badeanzug. Rita Hayworth entsprach hingegen weitaus weniger dem typischen Varga-Pin-Up aus dem Männermagazin »Esquire«. Rita war keine vollbusige billige Badeschönheit im Zweiteiler oder gar ohne alles, sondern man sieht sie auf diesem Foto auf einer Art Bettüberwurf sitzen und den gewissen, amüsierten Blick über die Schulter werfen, aber sie wirkt in dem schulterfreien weißen enganliegenden Satin-Unterkleid mit dem schwarzen Spitzenoberteil eher an- als ausgezogen. Sie hat Glamour, wirkt erotisch, aber nie ordinär, eher eine Spur extravagant, eben *sophisticated*. Das Foto entstand, wie die meisten Pressefotos, in einer Drehpause im Studio und nicht, wie suggeriert wird, zu Hause auf der Bettkante. Und das Unterkleid stammte aus der Requisite und nicht aus dem persönlichen Kleiderschrank. Das Geheimnis der großen Starfotos aus dieser Zeit lag eher in der Inszenierung eines Versprechens als in der Preisgabe von Binsenwahrheiten. Das lag allerdings auch an den puritanischen Regeln des Production-Code, der Selbstzensur der Studios.

Die amerikanische Öffentlichkeit sollte auf keinen Fall mit der womöglich verführerischen Andeutung eines Brustansatzes konfrontiert werden, Frauen sollten am besten gar keinen Busen haben, schon ein leichter Schatten mußte deshalb retouschiert werden. Bob Coburn, Chef der Columbia-

Photo-Gallery, der über 17 Jahre Ritas Studio-Porträts fotografierte, erzählt etwas verwundert, daß es Rita wenig kümmerte, wie sie auf den Fotos aussah, daß sie die Aufnahmen nie überprüft, noch sich irgendwie dazu geäußert hat. »Ich sprach normalerweise mit ihr, wenn ich sie fotografierte, um sie in Stimmung zu bringen. Und dann, auf dem Höhepunkt, schoß ich das Foto. Sie hatte dann den berühmten *look,* den Blick über die Schulter. Wenn ich sie dreimal hintereinander so aufgenommen hatte, fragte sie: »Wozu brauchst Du das denn? Mach doch mal eine andere Aufnahme.« Ihr war gar nicht bewußt, daß sie diesen *Come-and-get-me-look* nur in dieser Pose hatte.«

Mit diesem *look* nahm Rita Hayworth auch an der Operation »Crossroads« teil, die mit vierzigtausend Mann im Einsatz das Atomzeitalter eröffnen sollte. Sie war das Maskottchen auf der ersten Atombombe, die am 1. Juli 1946 über dem Bikini-Atoll explodierte, und die Bombe trug obendrein den Spitznamen »Gilda«. Rita war über diese »Hommage« so wütend, daß sie in Washington eine Pressekonferenz abhalten wollte, um ihr Mißfallen in aller Öffentlichkeit zu bekunden, aber Harry Cohn konnte sie im letzten Augenblick von dieser, seiner Meinung nach »unpatriotischen Tat« zurückhalten.

Auch ihre Bekanntschaft mit Orson Welles verdankt Rita dem Landry-Foto. Er entdeckte es in Brasilien während der Dreharbeiten zu seinem Dokumentarfilm *It's all true,* einer der Filme, die nie fertiggestellt werden sollten, und fing an, über seine Hochzeit mit ihr zu reden, noch ehe er sie überhaupt getroffen hatte. Rita tröstete sich damals mit dem schwarzgelockten Kollegen Victor Mature über ihre zerbrochene Ehe mit Eddie Judson hinweg, die sich in einen schmutzigen Privatkrieg verwandelt hatte. Victor Mature, der »Charles Boyer der kleinen Leute«, wie man in Hollywood witzelte, war nicht gerade ein begnadeter Schauspieler, aber Rita fand ihn unterhaltsam. Er fand sich besonders komisch, wenn er mit einem Aufdruck wie »The Genius« auf seiner breiten Gladiatoren-Brust herumspazierte. Rita sollte jedoch bald ein echtes Genie kennenlernen.

Orson Welles hatte mittlerweile alle seine Freunde mobilisiert, um Rita ausfindig zu machen und ihr wochenlang hinterhertelefoniert. Als sie sich endlich trafen, fand er zu seiner Verwunderung keinen exaltierten Star vor, sondern ein Wesen, das er in den höchsten Tönen lobte, das Qualitäten wie *sweetness* besaß – eine Formulierung, die man diesem Zyniker kaum abnehmen mag. Orson Welles hatte bis dahin eigentlich einen anderen Frauengeschmack und sich gerade von der Mexikanerin Dolores Del Rio getrennt, einem wahren »Luxusweib«, das mit kostbaren Geschenken, teuren Dessous und Parfums überhäuft werden wollte. Dolores war der Typ extravagante Frau, die nie unfrisiert und nie ohne Make-up anzutreffen war, nicht einmal im Schlafzimmer. Rita trug hingegen nur bei der Arbeit Make-up. Sie war vor allem viel schöner ohne Make-up. Tagsüber lief sie am liebsten mit hochgekrempelten Jeans und einer alten Bluse, nachts mußte sie sich, um Orson entgegenzukommen, in die große Verführerin verwandeln. Orson Welles war im Grunde ein Voyeur und Fetischist. Rita verkörperte für ihn eine Mischung aus New Yorker Eleganz und einfacher Ursprünglichkeit, die ihn an seine Heimat im Mittelwesten erinnerte.

Die Beziehung war anfangs sehr glücklich. Rita hing »Wunderkind« Orson an den Lippen und befleißigte sich, ihre großen Bildungslücken zu schließen, aber sie steigerte sich bald in Eifersuchtsvorstellungen hinein, war sehr mißtrauisch und hatte zunehmend diese neurotische Angst, verlassen zu werden. Welles hatte wohl zunächst die besten Absichten, sie zu beschützen, so sehen es auch seine Freunde, aber er tanzte einfach auf zu vielen Hochzeiten. Damals stand die *Mercury Wonder Show*, ein Miniaturzirkus, sein Beitrag zur Truppenbetreuung der US-Soldaten, kurz vor der Premiere. Auch Rita war dabei. Sie sollte in einer Nummer als zersägte Jungfrau auftreten, aber im letzten Augenblick schaltete sich Harry Cohn ein, um ihr den Spaß zu verbieten. Studiochef Cohn hatte sich von Anfang an als dritte negative Vaterfigur neben Eduardo und Eddie Judson profiliert. Der, wie es heißt, abgewiesene Liebhaber, überwachte eifersüchtig seinen Star und hat später sogar Ritas Garderobe mit Wanzen bespickt. Orson-Freundin Marlene Dietrich mußte sie ersetzen, die damals mit Jean Gabin liiert war. (Dietrich und Gabin, das ist eine andere Star-Geschichte. Das deutsch-französische Traumpaar trennte sich, weil Gabin mit der urdeutschen patenten Hausfrau, in die sich Marlene zu Hause zu verwandeln pflegte, überhaupt nichts anfangen konnte. Auch Gabin war dem Verwechslungsspiel von Bild und Wirklichkeit nicht gewachsen.)

Das Paar hatte am 7. September 1943, geheiratet, am 9. September war die *Mercury Wonder Show* zu Ende und am nächsten Tag war Welles schon mit Rita unterwegs nach Chicago, um auf einer Massenveranstaltung für den Frieden zu sprechen, und das war nur der Anfang. Nach seinen Enttäuschungen in Hollywood, war er jetzt auf dem politischen Karrieretrip, während Rita vom Ende der Kinokarriere und vom stillen Glück träumte. Glück, das waren für Rita immer Phasen großer Abgeschiedenheit und Selbstvergessenheit zu zweit. Da war sie in Sicherheit. Das war auch später so, mit Ali Khan. Dann wurde Rita schwanger, Welles begann zu trinken, wie sein Vater, hatte Affären, und dann war sie soweit. Auch Rita begann zu trinken, wie ihre Mutter. Es war die Zeit, als ihre unberechenbaren Wutanfälle anfingen, die großen Gefühlsschwankungen, die mit einem plötzlichem Verlust jeglicher Selbstkontrolle einhergingen, als wäre sie völlig außer sich. Orson sprach immer wieder von seiner »Zigeunerin«, von dem schwarzen Pessimismus, der Rita einfach nicht glücklich werden ließ, der ihr auch den Beruf verleide; aber das sehr widersprüchliche Verhalten Ritas waren vielleicht doch Spätwirkungen des früheren Kindesmißbrauchs. Barbara Leaming kommt in ihrer Hayworth-Biografie jedenfalls immer wieder auf diesen Zusammenhang zurück.

Orson Welles steckte schon tief in einer künstlerischen Krise, als sich die beiden kennenlernten. Welles war als geniales *enfant terrible* abgestempelt, er war der Rebell von Hollywood. Das war Rita womöglich gar nicht bewußt, die gerade *Cover Girl* drehte und mit *Gilda* den Höhepunkt ihrer Filmkarriere erreichen sollte. Das Wunderkind Orson war schon mit elf in einer Theatertruppe aktiv, ging mit sechzehn Jahren nach Dublin ans Theater, schrieb mit siebzehn ein Theaterstück in New York und edierte und illustrierte mit neunzehn eine Shakespeare-Ausgabe, die eine Auflage von 90 000 erreichte. Das ging immer so weiter, bis er seine berühmte Sendereihe »The War of the Worlds« fürs Radio machte, so daß er mit sechsundzwanzig, als er *Citizen Kane* drehte, den Film, der die Filmgeschichte revolutionierte, bereits unter starkem Erfolgsdruck stand. Aber dieser Film wurde nur ein Kritiker- und kein Kassenerfolg, und damit fingen die Probleme an. Welles konnte zwar noch vier Filme in Hollywood drehen, das Recht auf die Endmontage wurde ihm jedoch verwehrt, und seine Filme kamen nur mit Nachdrehs und massiven Drehbuchänderungen ins Kino. Der Mann mit dem jungenhaften Lächeln und dem dröhnenden Lachen hatte in Wirklichkeit das uralte Gesicht eines Wunderkindes, das schon alles gesehen hatte. Darin waren sich Orson Welles und Rita Hayworth ähnlich. Sie waren beide zu alt für sich selbst, auch deshalb, weil sie beide, wenn auch aus unterschiedlichen Gründen, zu früh auf sich allein gestellt waren. Beide trafen schließlich zum gleichen Zeitpunkt berufliche Entscheidungen gegen die eigene Überzeugung. Welles übernahm die Regie des konventionellen Krimis *The Stranger,* sein schlechtester und finanziell erfolgreichster Film, und Rita begann bald nach der Geburt von Tochter Rebecca mit den Dreharbeiten zu *Gilda.*

Der überraschende Erfolg von *Gilda,* der endgültige Durchbruch Ritas als *femme fatale*, der von der damaligen Kritik als *high-class trash* abgestempelt wurde, setzte offensichtlich das »wahre« Gesicht dieser Schauspielerin und die »wahren« Gefühle der Amerikaner gegenüber ihren selbständig und unabhängig gewordenen Frauen frei. Denn die heimgekehrten Soldaten strömten in Scharen mit ihren *sweethearts* in diesen Film, dessen Plot zu den kompliziertesten und unergründlichsten seiner Zeit gehört. Dabei erzählt er lediglich die Geschichte einer großen Liebe, die vom männlichen Part nicht gelebt werden kann, weil die Angst vor der Frau größer ist als die Liebe zu ihr. Darin besteht die banale Wahrheit der Ambivalenz des *good-bad-girl*, das immer für schlecht gehalten wird, aber in Wirklichkeit herzensgut ist – oder auch umgekehrt. Dieser Frauentyp steht im Zentrum des *film noir* und macht einen großen Teil seiner Verwirrung aus. Der Film *Gilda* wird deshalb von Anfang an von einer einzigen Frage heimgesucht: Ist sie nun anständig oder nicht? Diese Frage wird gestellt von ihrem Liebsten Johnny, gespielt von Glenn Ford, der als Erzähler und Protagonist aus seinem Blickwinkel hartnäckig auf sie herabschaut. Spontan und aus weiblicher Sicht wird man die Frage verneinen, wie es am Anfang dieses Textes bereits geschah, denn Gilda ist unanständig, weil sie unabhängig ist, weil sie gerade mit ihren provokativen Tänzen, zuletzt dem berühmten Striptease, ganz narzißtisch ihre Schönheit zur Schau stellt und ihre Wirkung genießt. »Das ist mein Körper. Er ist schön und macht mir Lust. Ich genieße das, genauso wie Sie.« So schreibt die amerikanische Filmkritikerin Marjorie Rosen über das *Coming out* dieser neuartigen Filmheldin, die zum ersten Mal unmißverständlich ihr Selbstbewußtsein zur Schau trägt, die in der patriarchalischen Film-Ordnung für so viel Selbstherrlichkeit allerdings unterworfen und bestraft werden muß.

Das berühmt gewordene Lied »Put the Blame on Mame, Boys« (Gebt die Schuld ruhig uns, Jungs) nimmt schon die Analyse des Films vorweg und stellt unumwunden fest, daß die Männer die Frauen für alles Übel dieser Welt verantwortlich machen. Es legt schon nahe, daß *Gilda* keine reale Frau ist, sondern nur eine Männerphantasie, eine Projektion. Deshalb wird es auch gleich zweimal gesungen, einmal in einer privaten Vorstellung – hier singt Rita zum einzigen Mal in ihrer Filmkarriere mit ihrer eigenen hohen und leisen Stimme – und dann in aller Öffentlichkeit im Nachtclub, der Schlüsselszene des Films. Eine Gesangsnummer, zuerst inszeniert wie ein kontemplativer Akt der Selbsterkenntnis, der sich in der aufgeheizten sexualisierten Stimmung des Striptease in eine leidenschaftliche Anklage verwandelt.

Gilda von Charles Vidor ist neben dem zwei Jahre zuvor entstandenen *Double Indemnity* (Frau ohne Gewissen) von Billy Wilder der berühmteste *film noir,* ein Genre, das, soziologisch betrachtet, die Veränderung der Familienstruktur in der amerikanischen Gesellschaft reflektiert. Es geht um die Abwesenheit der »normalen Familienbeziehungen«, um die Definition und Existenz von Normalität und Männlichkeit, um die Angst vor Autoritätsverlust und Vernichtung, ohne die beim Manne ausgelösten Ängste offen auszusprechen. Rita Hayworth war in *Gilda*, vor allem im Vergleich mit der eiskalten Mörderin Barbara Stanwycks in *Double Indemnity* eine positiv besetzte *femme fatale,* und sie war vor allem die einzige, die tanzte. Rita war zu sehr *Love goddess,* sie war zu schön und zu lebendig, um im Film vernichtet zu werden, deshalb darf sie als Gilda eine Initiationsgeschichte durchlaufen, die für die Sozialisation der amerikanischen Frau nach dem Krieg wieder Vorbildcharakter haben sollte: Erniedrigung und Leiden als Voraussetzung für das Glück, was hier identisch mit Happy-End, mit Ehe ist. Aber die Botschaft bleibt ambivalent. Sie bedeutet auch: Ehe als Strafe. Und hatte Rita diesen Kanossagang nicht in ihrem eigenen Leben vorgelebt? Da ist wieder das Starsyndrom, die Identität von Rolle und Leben, die mit *Gilda* ihren Höhepunkt erreichte. Der Mythos der *Gilda* wird zum Gefängnis der Rita Hayworth werden. Ihr

34

Studio-Boss Harry Cohn wird sie bis zum Ende ihres Vertrags bei Columbia nicht aus diesem Rollenbild entlassen.

Die Idee, Rita gegen ihr Leinwandimage zu besetzen, kam nur Orson Welles. *The Lady from Shanghai* (1948) ist Ritas einziger Film aus ihrer großen Zeit, in dem sie nicht tanzen und nur ein paar Takte singen darf, und das im Liegen. »Bewegung ist eine Behauptung, und eine Behauptung ist ein primärer Akt des Geistes«, sagt Louise Steinman und unterstreicht damit, wie sehr Tanz und seine Bewegungsfreiheit eine kreative Kontrolle über den Körper bedeuten. Tanz und Gesang waren die Lebensadern der Gilda und aller anderen Hayworth-Figuren, aber Elsa Bannister wird völlig immobilisiert, von Krüppeln und Mordgesellen umgeben und ist selbst eine eiskalte Mörderin. Alle Szenen, in denen Rita läuft oder singt, wurden vom Studio nachgedreht und hinterher eingefügt. Welles hat später den Brechtschen Verfremdungseffekt als Erklärung für seine statische Inszenierung bemüht, deshalb habe er stringent gegen die Identifikation gearbeitet, aber er habe auch Ritas Image ändern wollen.

Die Erzählstruktur der *The Lady from Shanghai* hat vieles mit *Gilda* gemein, den männlichen Erzähler, die Rückblenden, den südamerikanischen Ort, das erotische Dreieck, die »einsame« Frau zwischen zwei Männern, aber Elsa bleibt Objekt. In den Großaufnahmen wirkt sie entlebendigt, entseelt, in Marmor gemeißelte Schönheit, ein Todesengel. Welles ging noch weiter. Er nahm ihr alles, was ihre Identität ausmachte, Tanz und Gesang, ihr angeborenes Talent, er nahm ihr auch jene vitale Kopfbewegung, das flammend rote Versprechen, Ritas Aura, indem er ihre Haare ab-

schneiden und blondfärben ließ. Den Akt des Haarabschnei-
dens, für den Friseuse Helen Hunt extra aus den Flitterwochen geholt wurde, hat Welles persönlich überwacht, er hat
auch die Haarfarbe Topas-Blond selbst ausgesucht. Sechzehn Reporter waren zu der Veranstaltung geladen. Es war
wie eine öffentliche Hinrichtung. Ritas vertraute dem Genie,
dessen Geniestreich schon bald als ein Racheakt gegen Hollywood interpretiert wurde, als eine Allegorie über seine
Abenteuer in Hollywood, das er zornig und ohne Blick zurück verläßt. Rita Hayworth alias Elsa Bannister bleibt in
der Agonie allein zurück. Es war der Anfang vom Ende der
Karriere der Rita Hayworth. Die amerikanische Filmwis-
senschaftlerin Adrienne McLean denkt diesen erbarmungs-
losen Filmschluß zusammen mit der allein Orson Welles
zugeschriebenen Äußerung über den sexuellen Kindesmiß-
brauch. Sie schließt nicht aus, daß Welles ihr mit diesem
»Gerücht« noch einmal schaden wollte.

Gildas Weltruhm und der Status eines nationalen Mythos
als *Love goddess* schwemmte Rita Hayworth ganz nach
oben in die Kreise der High Society. Sie hatte jetzt nicht nur
die besseren Affären, mit Bandleader Teddy Stauffer, der
mitten in Paris unter dem Beifall der Schaulustigen ihr
Hotelfenster erklomm oder mit Multimillionär, Produzent
und Playboy Howard Hughes, an dem scheinbar kein Holly-
wood-Star vorbeikam, nicht einmal Katherine Hepburn,
sondern sie war auch ein gern gesehener Gast beim Schah
von Persien oder König Farouk. »Die ganze Riviera entlang
waren alle Männer hinter ihr her, weil sie mit ihr gesehen
oder fotografiert werden wollten. Alle wollten sie nur benut-
zen.« Shifra Haran, Ritas Sekretärin mußte es wissen,

denn sie war immer dabei. Zu ihren wichtigsten Aufgaben während dieser Riviera-Reise im Sommer 1948 gehörte es, stets 10.000 Dollar in der Handtasche parat zu haben. Rita, die schönste Frau der Welt, gehörte damals auch zu den höchstbezahltesten Schauspielerinnen der Welt, aber Shifra Haran und Hausdame Angel hatten Mühe, die reichlich depressive Rita aufzuheitern, die immer noch an eine Versöhnung mit Orson Welles glaubte.

Doch dann trat ein neuer Freier in Ritas Leben, der sich wieder in ihr Bild, in Gilda verliebt hatte, der als Playboy und Pferdezüchter berühmt-berüchtigte steinreiche indische Prinz Ali Suleiman Khan. Aber Ali Khan war noch nicht geschieden und die Öffentlichkeit entsetzte sich über Ritas Reisen mit einem verheirateten Mann. Die Rolle des Stars als moralisches Vorbild war in Gefahr. Die englische Zeitung »The Sunday Pictorial« bezweifelte sogar, daß ein solches Verhalten als Filmstory Gnade vor der englischen oder amerikanischen Zensur finden würde. Der amerikanische Senator Edwin C. Johnson hat im Wahljahr 1950 in flammender Rede Rita Hayworth und Ingrid Bergman zu »Aposteln der Entartung« gestempelt und hat damit zur Skandalisierung der Images und der weiteren Karriere der beiden Stars beigetragen. Hollywoodstar Ingrid Bergman hatte Mann und Kind verlassen, um zu Rossellini nach Italien zu gehen, von dem sie dann auch noch ein Kind erwartete. Ihre Filme wurden boykottiert. Die ebenfalls »vorzeitig« schwangere Rita konnte sich durch ihre Hochzeit mit Ali Khan am 27. Mai 1949 und mit einem Adelstitel vor der öffentlichen Verdammnis retten. Ihr Leben wurde zum Märchen und zum Gegenstand der vierzehnteiligen Serie »Cinderella Princess«, die Louella Parsons in der

Hearst-Presse veröffentlichte. Ihre Hoheit Prinzessin Rita fing wieder an zu lernen: Französisch, Etikette und königliches Protokoll. Und wieder einmal dachte Rita, sie sei Hollywood und der Schauspielerei entkommen. Doch das, was für sie Glück war, währte allenfalls die ersten drei Monate nach der Geburt der kleinen Yasmin. Da lebte die kleine Familie zurückgezogen in einem Chalet im Schweizer Gstaad.

Rita Hayworth war auf dem Höhepunkt ihrer Karriere angelangt, ihr Leben wurde zum Film. Ihre Hochzeitsreise mit Ali ist als Dokumentarfilm verewigt, ihr ganzes Leben schon 1954 in einen Spielfilm verwandelt worden. Ava Gardner spielt Rita Hayworth, die sich hinter der spanischen Tänzerin Maria Vargas in *The Barefoot Contessa* von Joseph L. Mankiewicz verbirgt.

Star und Mutterdasein zu verbinden fiel Rita schwer. Sie ließ schon die zweijährige Becky vier Monate lang allein, um nach Europa zu reisen, trotz der Drohbriefe, die es vorher gegen sie und ihr Baby gegeben hatte. Doch die Angst, die eigenen Erfahrungen zu wiederholen, holte Rita spätestens dann ein, als sie, schon mit Dick Haymes verheiratet, wegen Vernachlässigung ihrer beiden Kinder vor Gericht stand. Die Kinder waren in einer schäbigen Umgebung und in der ungepflegten Behausung bei einer Pflegemutter untergebracht. Becky war nicht einmal in der Schule angemeldet. Ali kämpfte mit allen Mitteln um das Sorgerecht von Yasmin, die im islamischen Glauben erzogen werden sollte. Dick Haymes, Ehemann Nummer vier ab 1953, ein aus Argentinien stammender, mittlerweile abgetakelter Sänger, verwickelte sie in endlose Gerichtsverfahren wegen der ihm drohenden Ausweisung aus den USA; er brachte sie auch um den wertvollen Beckworth-Vertrag mit Columbia, den sie erst 1947 ausgehandelt hatte und der ihr eine 25%ige Gewinnbeteiligung sicherte sowie ein Mitspracherecht bei der Drehbuchauswahl. James Hill, Ehemann Nummer fünf ab 1958, ein Produzent, sah in Rita hauptsächlich ein Verwertungsobjekt für seine Filmprojekte. Rita war nie eine große Rednerin, aber sie wurde immer stiller und zunehmend isolierter. Dafür kam es vermehrt zu Alkoholexzessen und Tätlichkeiten, die letzte Ehe endete mit einem Revolverschuß. Die Göttin stieg nicht mehr herab, sondern endete im freien Fall.

Rita war erst dreiundvierzig Jahre alt, als die ersten Symptome der Alzheimer-Krankheit auftraten. Ihre starken Stimmungswechsel, plötzliche Ausbrüche mit grundlosen Beschuldigungen und Wutschreien, an die sie sich später nicht mehr erinnerte, ihre Gedächtnisaussetzer auf Set oder Bühne – ein Film wurde Satz für Satz gedreht –, ihre Platzangst, sie konnte nicht mehr in den Keller gehen, wie es eine Szene vorschrieb. Erst zwanzig Jahre später wurde die Krankheit diagnostiziert. 1981 übernahm Tochter Yasmin die Vormundschaft und betreute ihre Mutter bis zu ihrem Tode 1987.

»If this was happiness, imagine what the rest of her life had been.« (Wenn das Glück war, wie muß dann der Rest ihres Lebens ausgesehen haben.) Ein trefflicher Spruch, der wiederum Orson Welles zu verdanken ist, der sich in späten Jahren noch einmal zum Richter über Ritas Leben aufgeschwungen hat. Als »Glück« hatte sie jedenfalls ihre gemeinsame Zeit mit Orson Welles bezeichnet. Rita Hayworth, *All-American Girl, Love Goddess,* Studioprodukt, Artefakt,

Männerphantasie in Reinkultur. Es geht auf, und es geht nicht auf. Rita wollte immer aussteigen, aber sie konnte nicht. Sie litt stets unter ihrer Unsicherheit. Sie kam nicht ins reine mit ihrem Selbstbild. Ende der sechziger Jahre war sie manchmal nicht wiederzuerkennen. Alzheimer-Kranke gelten als »einwilligungsunfähig«. Die englische Formulierung *incapacitated* trifft es genauer: eine Krankheit, die in einen Zustand versetzt, der den Kranken aller Fähigkeiten beraubt. Es ist eine Krankheit mit dem Versprechen auf Verschwinden in der Krankheit, auf Sich-fallen-lassen, auf Abtreten-dürfen, um den Preis der geistigen Verwirrung, um den Preis der Selbstaufgabe.

Vielleicht war Rita Hayworth den Spannungen ihrer ethnischen Identität nicht gewachsen. Äußerlich war sie eine Amerikanerin geworden, aber innerlich war sie eine Spanierin geblieben. »Die Beweiskraft des Körpers war unterdrückt, aber sie war das Subjekt eines Diskurses, der auf der ständigen Präsenz einer nationalen, ethnischen Identität in diesem Körper besteht«, behauptet Adrienne McLean. Ritas Star-Image war so angelegt, daß es alle ethnischen Elemente ihrer Latino-Herkunft integrieren konnte. Dafür sorgten die lateinamerikanischen Tänze, ihre spanischen Namen, Spielorte, die in Südamerika oder Mexiko angesiedelt waren. Rita Hayworth wurde gerade dadurch zur glaubwürdigen Amerikanerin, daß ihre ethnische Herkunft erhalten blieb. Da wurde nichts zum Verschwinden gebracht, darin blieb sie immer authentisch, gerade davon lebte ihre natürliche erotische Ausstrahlung auf der Leinwand. Sie ist eine Vorläuferin der später aus Europa importierten »südländischen« Stars wie Anna Magnani, Gina Lollobrigida und Sophia Loren, die dem blutleeren amerikanischen Kino erotisch auf die Sprünge helfen sollten. Rita durfte leidenschaftlich und damit unanständig sein und blieb doch trotzdem anständig, weil ihr als Latino eine leidenschaftliche Kompetenz zugestanden wurde; sie wurde dadurch nicht zur Außenseiterin. Das wirft auch ein neues Licht auf die Behauptung, daß Rita nur ein gemachter Star, ein Studioprodukt gewesen sei.

In der Rolle und im Tanz konnte Rita die enormen Spannungen wohl versöhnen, die strukturelle Identitätskrise eines *double-bind-paradox,* der alle ethnischen Amerikaner unterworfen sind. Rita Hayworth ist im Leben gescheitert. Ihr Leben war eine Allegorie. Sie konnte der Entfremdung von Gesicht und Körper, die sie zum Star machten, die ihren Ruhm begründeten, nie entkommen. Rita wurde von diesen Bildern gejagt, die alle Rita Hayworth hießen, die sich immer ähnlich und unähnlich zugleich waren.

Ritas Wunsch, die »Yerma« von Federico Garcia Lorca zu spielen, blieb unerfüllt. Auch dahinter steht der Wunsch, in einen authentischen Rahmen zurückzukehren. »Yerma« ist die spanische Tragödie einer unfruchtbaren Frau, einer innerlich gespaltenen, einer verzweifelten Figur, die sich schließlich selbst zerstört, aber sie ist auch eine Männerphantasie. Auch Yerma ruht nicht in ihrem Körper und ihrer Weiblichkeit, sie kennt keine beruhigten Wasser, sie bleibt sich selbst fremd und verzweifelt.

»Eines ist, mit dem Kopf lieben – und das andere ist, daß uns der Leib nicht gehorcht – verflucht sei der Leib! Das steht fest, und ich will nicht mit den Wassern der Meere Leib an Leib kämpfen. Es ist aus. Mein Mund wird verstummen!« (Federico Garcia Lorca)

41

Bilder

Die junge Margarita Carmen

Mit Vater Eduardo Cansino

46   Rita (Mitte) als Flamenco-Tänzerin

Rita (rechts) als Ballerina in einem frühen Fox-Film

Von Margarita Carmen Cansino...

50

... zu Rita Hayworth

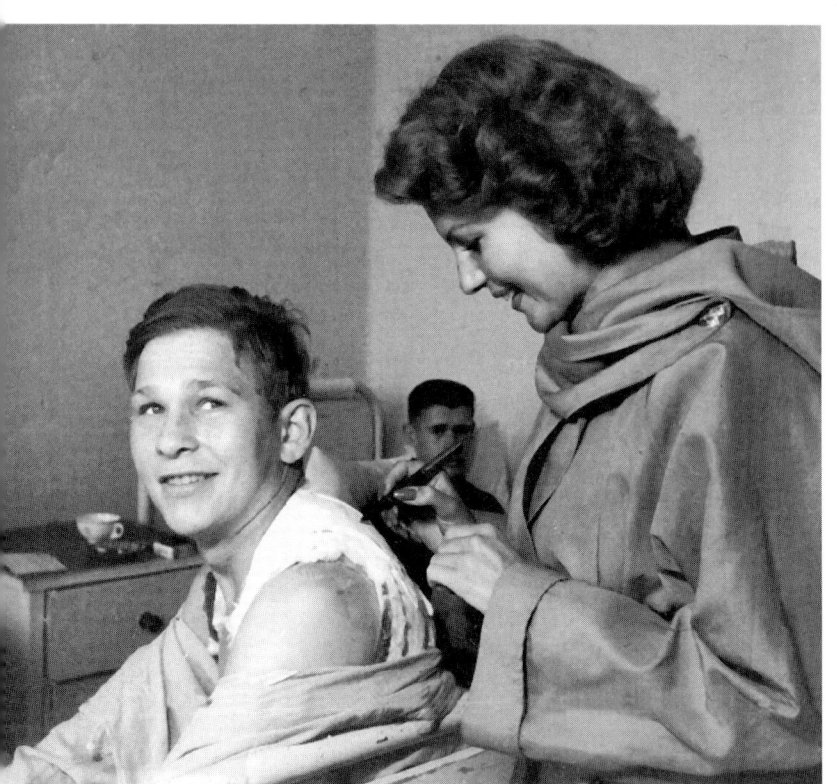

Ein verletzter GI erhält ein Autogramm

Mit ihren Eltern und Bruder Vernon (1944)

Mit Tyrone Power in *Blood and Sand* (1941)

Mit Gene Kelly und Phil Silvers in *Cover Girl* (1944)   55

Rita Hayworth und Fred Astaire in

You were never lovelier (1942)

Mit Fred Astaire in

You were never lovelier (1942)

»There never was a

woman like Gilda« (1946)

Mit Orson Welles in

The Lady from Shanghai (1948)

64   *Affair in Trinidad* (1952)

Miss Sadie Thompson (1953)

Mit Orson Welles , 1943

Mit Marlene Dietrich, 1941

Orson Welles, Ehemann Nr. 2

Prinz Ali Khan, Ehemann Nr. 3

70 Geburtstagsfeier mit Orson Welles, Errol und Nora Flynn

In einer Drehpause von *The Lady from Shanghai* (1947)

Mit Ali Khan und Freunden in Cannes, 1948

Mit den Töchtern Rebecca (rechts) und Yasmin, 1953

74   Verführerisch

und reserviert

Rita Hayworth in ihrer Lieblingskleidung

Drehpause von *Fire Down Below* (1957)

Mit Willy Brandt, Berliner Filmfestspiele 1959

Ein Blick über den Brillenrand

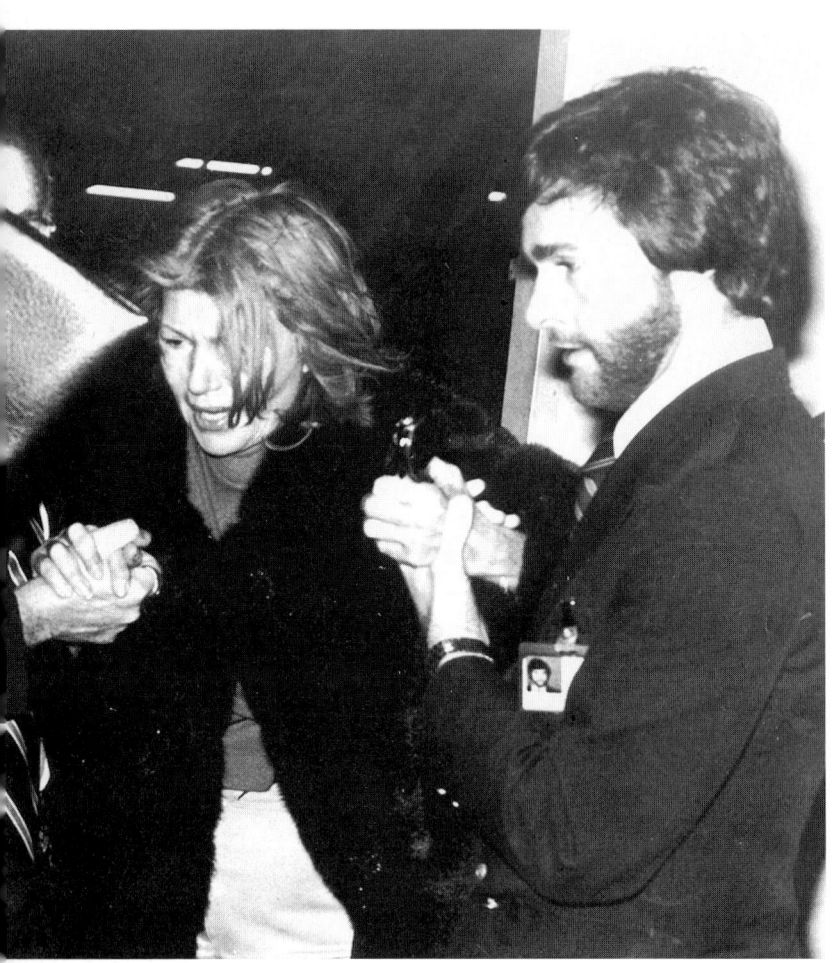

Zusammenbruch auf dem

Londoner Flughafen, 1976

Mit Tochter Yasmin bei einer Preisverleihung, 1977

Mit Gene Kelly auf einem Pressefest, 1979

Eine der letzten Aufnahmen von Rita Hayworth, 1983

Stimmen

Der Liebesgöttinnenkult

Winthrop Sargeant (1947)

Am 17. Oktober 1917 kam, unter geheimnisvollen Umständen, die der Geburt eines neuen Dalai Lamas würdig gewesen wären, in einem Krankenhaus der New Yorker Upper West Side ein dunkelhaariges spanisch-irisch-amerikanisches Kind zur Welt und wurde auf den Namen Margarita Carmen Cansino getauft. 1941 war dieser dunkelhaarige Säugling zu einem rothaarigen Mädchen erblüht, dessen wogende Figur und nachdenkliches Lächeln den Amerikanern fast ebenso vertraut waren wie das Abbild der Muttergottes den Italienern der Renaissance. 1945 schrieben bereits Woche für Woche mindestens 6.000 Amerikaner Gedichte und Gebete an sie, in kriegszerstörten Städten, im Dschungel und bei Taifunen trugen die Soldaten der mächtigsten Nation der Welt ihr Bild wie eine Reliquie bei sich. 1946, bei der Operation »Crossroad« auf dem Bikini Atoll, wurde ihr Bild ehrfürchtig und symbolisch auf eine Atombombe geklebt, während Wissenschaftler und Militärs auf der ganzen Welt mit Spannung eine der größten Vernichtungsexplosionen erwarteten, die die Menschheit je ersonnen hat. Einige Monate später stieß eine Expedition in der Wildnis des bislang unerforschten Headless Valley in Kanada auf eine verlassene Trapperhütte. Die Expeditionsteilnehmer fanden darin dreierlei: eine Kerze, eine Dose Bohnen und ein Bild von ihr. In Kürze wird eine Südamerika-Expedition eine Kopie ihres letzten Films, *Down to Earth*, in einer Zeitkapsel am Fuß der Anden im Dschungel deponieren, die ohne Zweifel eines Tages von Archäologen ausgegraben werden wird, die sich ein Bild von der alten Kultur des 20. Jahrhunderts zu machen versuchen. Für diese Archäologen wird offensichtlich sein, daß Rita Hayworth, als die Margarita Carmen Cansino in kinematographisch verwandelter Gestalt bekannt ist, nur zufällig Filmschauspielerin und Tänzerin war, während ihr in jener uralten amerikanischen Zivilisation in Wahrheit der Status einer bedeutenden religiösen Institution zukam. Als Vergleich werden sie unweigerlich die Göttin Aphrodite heranziehen, die von den noch älteren Griechen verehrt worden war. Was die Bedeutung des Films *Down to Earth* angeht, wird für sie kein Mißverständnis möglich sein. *Down to Earth* gibt vor, ein Schauspiel zu sein, und es gehört, wie manche Kritiker meinen, zu den kitschigeren, langweiligeren und schwerfälligeren Beispielen einer Gattung, die die Hollywood-Studios unermüdlich und regelmäßig produzieren. Doch die Vorstellung, daß es sich bei diesem Film tatsächlich um ein Schauspiel handelt, das folglich den Gesetzen der Ästhetik zu gehorchen habe, existiert nur in den Köpfen der Filmkritiker. Das amerikanische Publikum, weniger tief in akademische Theorien verstrickt, erkennt und akzeptiert ihn als das, was er wirklich ist: ein Ritual. Er ist das Ritual, mit dem die große amerikanische Liebesgöttin ihre ewige Legende immer wieder neu inszeniert – in diesem Falle die *Leidenschaft*, wie Harry Cohn, Präsident von Columbia Pictures, meint. Die Premiere wurde, wie stets, mit jener beschwörenden Werbung angekündigt, die unweigerlich mit jedem erneuten Zelebrieren dieses Rituals einhergeht: »Wer ist sie? Woher kommt sie? Es heißt, sie habe 2.000 Männer geküßt … Sie ist nicht von dieser Welt, und doch ganz irdisch in Technicolor mit Musik … Sie singt! Sie tanzt! Sie ist atemberaubend! Aber wer ist sie?« Die Antwort lautet natürlich, daß sie Aphrodite ist. Der angemessene Rahmen für eine Erörterung dieses Phänomens ist offensichtlich nicht Ästhetik, sondern Theologie.

Diese Legende, die in neunzig Prozent aller Filme, die die Amerikaner heutzutage sehen, endlos wiederholt wird, ist weder einzigartig noch bemerkenswert, doch ihre zentrale Stellung in der amerikanischen Folklore macht sie ohne Zweifel zu einem interessanten Studienobjekt für Anthropologen. Ihr übernatürlicher oder rein mythologischer Charakter wird dadurch bekräftigt, daß sie nicht das geringste mit dem wahren Leben zu tun hat. Die Göttin, von einer unüberschaubaren Priesterschaft aus Make-up-Künstlern, Kostümbildnern, Kameraleuten und Friseuren mit einer solch konzentrierten Anziehungskraft ausgestattet, die keine wirkliche Frau annähernd erreichen kann, ist in diesem Ritual Mittelpunkt und Ziel zugleich; geringfügige Variationen der Handlung sind ohne Belang. Der Held stellt ihr nach, muß dabei verschiedene Hindernisse überwinden und wird schließlich durch das Sakrament eines Kusses oder eines Spaziergangs belohnt, bei dem er mit der Göttin, Hand in Hand, in eine völlig illusorische Zukunft schreitet. Dabei wird Sexualität zwar als romantischer Traum mit rosa Zuckerguß statt als Fortpflanzungsrealität präsentiert, doch an ihrer alles beherrschenden Macht besteht keinerlei Zweifel.

In der Legende gibt es für die Handlungen des Helden nur einen Grund: sein überwältigender Wunsch, das Wohlwollen der Göttin zu erringen. Der sakramentale Kuß oder

Spaziergang sind Symbol dieser Eroberung, in ihnen findet der Handlungsverlauf Abschluß und Erfüllung, wie es im griechischen oder elisabethanischen Theater durch Dolch, Axt oder Giftbecher geschah. Dieses besondere Merkmal der Zeremonie, bei dem als höchste Belohnung für das höhere Streben und Kämpfen der Menschheit nicht der Tod, sondern die Sexualität steht, ist ausgesprochen amerikanisch, und die Amerikaner nennen es »Happy-End«. Die Moral der Geschichte ist natürlich, daß Sex das Wichtigste auf der Welt ist und zu ewiger Glückseligkeit führt.

Betrachtet man Hollywood als Fabrik zur Herstellung von Waren, so ist Rita Hayworth das Wichtigste, was Harry Cohns Columbia Studios gegenwärtig produzieren. Cohn behandelt sie mit freundlichem Respekt, auch wenn die Verstrickungen ihres Berufsleben schon so manche Falte auf Cohns fleischige Stirn gebracht haben. Die letzte dieser Verstrickungen geschah unlängst, als Orson Welles beschloß, der Göttin die Haare abzuschneiden und sie für den Film *The Lady from Shanghai* in eine raffinierte Blondine mit Windstoßfrisur zu verwandeln. »Jeder weiß«, klagte Cohn wehmütig, »daß das Schönste an Rita ihre Haare waren.« Aber Orson blieb hart, und Cohn gab nach.

Es folgte eine Zeremonie von olympischen Ausmaßen, die Ritas mythologischem Status entsprach. Widerstrebend autorisierte Harry Cohn Welles' Frisur-Anweisungen. Künstler wurden um Entwürfe gebeten. Dann prüfte man eine Palette unterschiedlicher Haarfarben und wählte präzise jene Schattierung, für die schließlich der Name »Topasblond« kreiert wurde. Helen Hunt, Columbias Cheffriseuse, wurde aus New York eingeflogen, wo sie gerade ihre Flitterwochen verbrachte, um nach Anweisungen den eigentlichen Haarschnitt auszuführen. Etwa zwanzig Reporter waren anwesend. Das Hayworth-Haar wurde gewaschen und gebleicht. Während Helen Hunt zögerlich die Schere schwang, stand Orson Welles finster blickend daneben und brüllte, »Mehr! Mehr!« Es fiel noch mehr Haar, dann folgte eine neue Dauerwelle. Eine Konsultation mit der Kosmetikabteilung des Studios ergab neue Schattierungen von Lippenstift, Rouge, Puder, Grundierung und Nagellack, die zu den blondierten Locken paßten. Dann stellte Jean Louis, Leiter der Kostümabteilung bei Columbia, für alle künftigen Hayworth-Kostüme eine völlig neue Stoffauswahl zusammen.

Die wahre Rita

Es ist kaum zu glauben, daß im Mittelpunkt dieser gigantischen industriellen Unternehmungen ein ausgesprochen liebenswerter, einfacher und völlig ungekünstelter Mensch existiert. Und doch ist die wirkliche Rita Hayworth, deren Platz bei Columbia Pictures durchaus mit dem einer preisgekrönten Tomate in einer gigantischen Konservenfabrik vergleichbar ist, ganz genau das. Dies mag mehrere Gründe haben: ihre Abstammung aus einer Künstlerfamilie, die schon immer im Rampenlicht der Öffentlichkeit stand; ein tägliches Leben, zu dem ungeachtet allen Glamours ein immenses Maß an harter Arbeit gehört; ihr ausgeglichenes Temperament sowie ihre extreme Schüchternheit, die Rita von dem unglaublichen Geschrei, das sie umgibt, mehr oder weniger isoliert.

Die private Rita Hayworth ist, wie die meisten Filmschauspieler, die sich hierin radikal von Bühnenschauspielern unterscheiden, in Aussehen und Auftreten der öffentlichen Rita Hayworth sehr ähnlich. All die kleinen Eigenheiten, die ihre Getreuen mit ihrer Verkörperung der Göttin gleichsetzen – der anmutige Gang, das nachdenkliche Lächeln, ihre Art, die Haare zu schütteln, das hilflose Schulterzukken und die groteske kleinmädchenhafte Affektiertheit, die jede ihrer witzigen Äußerungen begleitet – gehören auch zur realen Frau. Das einzige, was augenfällig fehlt, ist der Dialog, der, extreme seelische Belastungen und Gespräche mit sehr engen Freunden ausgenommen, mit größter Wahrscheinlichkeit auf ein vorsichtiges Vokabular aus »ja«, »nein« und »vielleicht« schrumpft. Obwohl sie sich überhaupt nicht für Kleidung interessiert und aus diesem Grund praktisch ihr ganzes Privatleben nachlässig in Hosen gekleidet verbringt, ist der Hayworth-Look, den Kameraleute immer wieder als Wunder erleben, ein unzerstörbarer Teil von ihr. Während der Dreharbeiten zu *The Lady from Shanghai* in Mexiko saßen Orson Welles und George Lait, Columbias Pressechef, spätabends bei ein oder zwei Flaschen Tequila zusammen und stritten über diese Eigenschaft Ritas. Welles, mit der kritischen Distanz des Ehemannes, meinte, daß alle Frauen, Rita eingeschlossen, in unbeobachteten Augenblicken ziemlich schludrig aussähen. Lait widersprach und wettete mit Welles. In Begleitung eines Standphotographen drangen sie in Ritas Zelt ein, weckten sie aus tiefem Schlaf und blitzten ihr direkt ins Gesicht. Als das Bild entwickelt war, hatte Lait seine Wette gewonnen. Rita war darauf ebenso ätherisch schön wie auf den offiziellen Negligé-Photos, die im Zweiten Weltkrieg Heldentaten inspiriert hatten.

In einer Stadt, in der es von ehrgeizigen, raubtiergleichen, in Puderzucker gewendeten, kandierten und verchromten Self-Made-Frauen nur so wimmelt, fallen Ritas Gutmütigkeit und schlichte Gradlinigkeit ganz besonders ins Auge. Sie nimmt ihren Beruf sehr ernst und steht im Ruf, von allen Schauspielerinnen Hollywoods – vielleicht mit Ausnahme von Bette Davis – am härtesten zu arbeiten. Sie nimmt das Filmgeschäft sehr ernst, sammelt Fan-Magazine, liest mit tiefster Verehrung Louella Parsons' Klatschkolumne und signiert zahllose Autogrammpostkarten. Auf dem Studiogelände genießt Rita ein Maß an Zuneigung, das nur wenigen Schauspielerinnen ihres Kalibers entgegengebracht wird. Pflichtbewußt posiert sie stundenlang für Mode- und Werbephotos für Lincoln, Chesterfield, Max Factor und andere Firmen, ohne eine Spur von Ungeduld oder einen anderen Gedanken als den erkennen zu lassen, den Photographen zufriedenzustellen. Nach einem Interview, einem öffentlichen Auftritt oder einer schwierigen Filmszene reagiert sie unweigerlich so, wie man es von einem kleinen Mädchen nach seinem ersten Auftritt in einer Schulaufführung erwarten würde. Sie wendet sich sofort an Regisseur, Pressechef oder wer immer das Sagen hat und fragt ängstlich, »War ich gut?« Wird diese Frage mit einem Lächeln oder mit einem Streicheln über ihre Haarmähne beantwortet, ist Rita über alle Maßen glücklich.

Die Macht der Passivität

Ritas fundamentaler Charakterzug ist der Wunsch, es allen Menschen recht zu machen. Sie ist die nahezu perfekte Verkörperung jener Eigenschaft, die Dichter in klassischeren Zeiten als des Weibes ureigenstes Wesen bezeichneten. Wie diese theoretische Idealfrau übt Rita allein durch ihre Existenz immense Macht aus. Sie ist Ursache und Inspiration für Handlungen, handelt jedoch selbst nicht, es sei denn in Reaktion auf die Wünsche anderer. Männer verspüren, sobald sie einen Raum betritt, unvermittelt atavistische Triebe, für sie ihre Muskeln spielen zu lassen oder auf dem Kopf zu stehen.

Dies erinnert an die schöne Helena, um deretwillen der Trojanische Krieg geführt wurde, und wie ihr, fehlt auch Rita jeder Ehrgeiz und jede geistige Fähigkeit, selbst etwas zu beginnen. Aber es gab immer jemanden, der für Rita den Weg ebnen wollte. Ihr Leben ist die Geschichte von Bemühungen, die Männer ihretwegen unternahmen: Ehemänner, Regisseure, Produzenten, Pressechefs und Manager. Ritas Anteil daran war, daß sie mit unendlicher Geduld und Gutherzigkeit tat, was man ihr zu tun befahl, trug, was man ihr zu tragen befahl, lernte, was man ihr zu lernen befahl, und sagte, was man ihr zu sagen befahl. Der Gedanke, eine Sache um ihrer selbst willen zu tun, mag ihr gänzlich fremd sein, aber sie ergänzt die anderer, um es ihnen recht zu machen. Nur wenige Frauen konnten sich so bereitwillig und so gekonnt unterordnen, um zu dem passiven Material zu werden, aus dem Mythen erschaffen werden können, und dies, gepaart mit ihren wahrlich bemerkenswerten körperlichen Vorzügen, erklärt einen Gutteil ihres Erfolges.

Obwohl sie zu den schüchternsten Menschen in Hollywoods Filmgemeinde gehört, führt Rita zungenfertig und beflügelt Gespräche, sobald sie ihre Filmstar-Persönlichkeit ablegt und die übrige tanzende Cansino-Familie besucht. Vor etwas mehr als einem Jahr verließ sie die hochelegante Villa (mit nierenförmigem Schwimmbecken), die sie mit Orson Welles bewohnte, und bezog ein bescheidenes Haus in Brentwood, wo die Familie Cansino ein- und ausgeht. Dort gibt es kein Schwimmbecken, die recht konventionelle Einrichtung des Hauses erinnert an eine elegante Hotelhalle und verrät wenig persönlichen Geschmack. In einer Ecke ihres Wohnzimmers befindet sich ein Schallplattenspieler mit einer großen Sammlung Tangos, Rumbas und Sambas. An der angrenzenden Wand hängen Drucke mit Stierkampfmotiven, die sie aus einem Buch ausgeschnitten hat und rahmen ließ. Rita lädt äußerst ungern Gäste ein und führt, obwohl ihr Leben als Filmstar dem neugierigen Starren der Öffentlichkeit ausgesetzt ist, ein recht einsames Leben. Selbst der Urlaub in Europa, den sie unlängst machte, war von Columbia in die Wege geleitet und größtenteils von Columbia finanziert. Trotz ihrer Gagen (der letzte Vertrag räumt ihr 50% aller Nettoeinkünfte aus künftigen Filmen ein) könnte sie sich aufgrund der hohen Einkommenssteuer einen derart aufwendigen Urlaub nicht leisten. Zu Hause, mit den unvermeidlichen Hosen bekleidet, in einen Sessel gefläzt, Füße in die Luft gestreckt und andächtig Kaugummi kauend, erinnert Rita Hayworth nur darum an die amerikanische Liebesgöttin, weil ihr fragendes Gesicht mit seiner viereckigen Stirn und dem exzentrisch gescheitelten Haar seit so langer Zeit mit ihr gleichgesetzt worden ist. Auf die Frage, wie es sei, das weibliche Idol von Millionen zu sein, zuckt sie gedankenverloren die Schultern und konzentriert sich, weil sie es dem fragenden Reporter so gern mit einer zitierbaren Antwort recht machen möchte. »Herrje«, sagt sie nach einigem Nachdenken, »welches Mädchen wäre nicht liebend gern eine Göttin?«

Die weibliche Offenbarung

Jean Améry (1955)

Gar manche Einzelheiten und Errungenschaften des »American way of life« traten 1945 über die Bewußtseinsschwelle Europas: Streptomycin, Digests, Television, Psychosomatik, »gadgets« aller Art, hochnotpeinlich untersuchende Senatsausschüsse, Hawai-Hemden. Unter all den neuartigen Dingen, die den etwas ausgehungerten, geschundenen und in jeder Hinsicht in seinem Selbstgefühl reduzierten Bewohner der alten Welt die Hände über dem Kopf zusammenschlagen ließen in heller, fassungsloser Bewunderung, war auch eine Frau: Rita Hayworth, deren Photos längst amerikanische Bombenflieger als Mascotte auf ihre Apparate gemalt hatten, und die in manchen Sensationspublikationen als die »Atom-Blondine« bezeichnet wurde.
Über den Geschmack, der da das Weltgrauen mit dem Sex-Appeal koppelte, kann man streiten. Nicht diskutieren kann man darüber, daß diese Frau auch in Europa einschlug wie der Blitz aus gewittrigem Himmel. Wir kannten sie nicht, wußten gar nichts von ihr, als uns gelegentlich der europäischen Erstaufführung des großartigen »Gilda«-Filmes durch Zufall eine französische Zeitung in die Hand fiel, in der ein paar Zeilen über Rita Hayworth zu lesen waren: »Diese Schauspielerin«, hieß es da, »ist der Urtypus der Frau, die große Leidenschaften entfesselt.«
Wir haben niemals eine bessere Definition Rita Hayworths gelesen. Jawohl, das ist sie: die überzeugendste Repräsen-

tantin des Ewig-Weiblichen nach dem Geschmack dieses Halbjahrhunderts, die Filmschauspielerin, von der die stärksten, unmittelbarsten erotischen Strahlungen ausgehen, ein Wunder an Vollweiblichkeit, der Typus einer Frau, von der die Gattinnen sagen, sie sei eben »vulgär«, die große Verführerin, wie sie einstmals die Lola Montez gewesen sein muß.

Im Augenblick läßt sich ihre filmische Zukunft, lassen sich die Aussichten ihrer Popularität nicht abschätzen. Aber wie immer es kommen möge: Ob sie noch einmal den Glanz der Jahre 1944-1948 erreichen oder ob sie in Vergessenheit geraten wird: sie wird die weibliche Offenbarung der Zeit nach dem Zweiten Weltkrieg gewesen sein.

Vom Geschlechterkampf

Jacques Siclier (1956)

Was hat es auf sich mit *Gilda?* Vordergründig erzählt der Film die düstere Geschichte vom Kampf zwischen Spekulanten um ein Monopol. Dahinter verbirgt sich jedoch eine erstaunliche Darstellung der »amerikanischen Libido«.

Gilda enthüllt die Komplexe und Verdrängungen einer Gesellschaft, in der enorme emotionale und sexuelle Verwirrungen herrschen. Lange vor *Endstation Sehnsucht* zeichnet *Gilda*, eingebettet in eine harmlose Geld- und Machtgeschichte, das Porträt der unbefriedigten Frau.

Es ist kein typischer Rita Hayworth-Film. Keine Revue-Girls und keine Music-Hall. Die »Atombomben«-Frau beherrscht allein den Film, und die gewagten Kostüme von Jean-Louis machen sie, mehr denn je, zum erotischen Objekt, zum Pinup-Girl. Die federleichten, aber undurchsichtigen Négligés, die kostbar bedruckten Stoffe, der berühmte schulterfreie Überzug aus schwarzer Seide sind Attribute einer rein amerikanischen Erotik, die nicht die Sinne, sondern die Neugier anregen. Was natürlich viel bedrohlicher ist als eine »nackte« Erotik.

Soziologisch gesehen, ist *Gilda* ein Schlüsselfilm von größter Bedeutung. Rita Hayworth erscheint als Superfrau, wie man sie aus Comics kennt. Eine Frau nämlich, die keine weiblichen Züge mehr trägt, denn ihr Königreich ist das Nichts, und ihre Beziehung zu Männern würde nie in eine konventionelle Ehe münden. Unbefriedigt flieht sie in eine wahnhafte Phantasiewelt, was die merkwürdige Travestie-Verkleidung erklärt (Leder-Bolero, der typische Sombrero, Lederstiefel und Peitsche), die sie beim Maskenball trägt – ein Versuch der Vermännlichung und zugleich die Bestätigung einer umstrittenen Macht, allerdings nur, solange der Anschein der Weiblichkeit bewahrt wird. Und dieser Versuch gelingt insofern, als Johnny sich umarmen *läßt*, behext von der falschen Männlichkeit Gildas. Der Rausch wird jäh unterbrochen vom Lärm der zuschlagenden Tür: der flüchtende Ehemann hat alles gesehen.

Als der Totgeglaubte am Ende des Films wiederkehrt, ein blonder, rätselhafter, sehr femininer Mann, der ein unscheinbares, aber gefährliches Accessoire bei sich trägt, einen Spazierstock mit ausfahrbarer messerscharfer Spitze, weiß man nicht, ob er sich an Gilda oder an Johnny rächen will. Jedenfalls findet die geohrfeigte Gilda bei diesem letzten Zusammentreffen zu einer menschlichen, sehr weiblichen, zerbrechlichen Erscheinung zurück. Und es ist Johnny, der sie, *um sie zu beschützen*, umarmt, wie ein Mann, dessen Freundin in Gefahr ist.

Durch die Psychoanalyse erhält der Film seine moralische Folgerichtigkeit. Der von der dominanten Persönlichkeit des Freundes angezogene Johnny gerät unmerklich unter psychologischen Druck. Johnny ist ein Kranker, der sein schlechtes Gewissen kuriert, indem er Gilda nach ihrem Auftritt im Spielsalon ohrfeigt (ein männlicher Reflex) und indem er die Geheimnisse seines Freundes an die Polizei weitergibt. Unter der Schirmherrschaft eines beunruhigenden Ermittlers kommt der Psychoanalyse die Polizei zur Hilfe.

Diese Schlußfolgerung wahrt den Schein, beeinträchtigt aber nicht die Bedeutung von *Gilda*. Der Film handelt von

Wirtschaftsbonzen, der Persönlichkeit Rita Hayworth und der unvermeidlichen Konstruiertheit jeder Kriminalgeschichte. Die Bilder und die Anspielungen im Dialog machen jedoch den eigentlichen Film aus. Die amerikanische Traumfrau Gilda muß sich mit einem Mann an ihrer Seite abfinden, der seinen ehelichen Pflichten nicht so recht nachkommen will. Die sexuelle Beziehung als Basis für die Ehe ist in Frage gestellt. Die Ablehnung dieses Mythos' – verschärft durch die Atombombe namens »Gilda« – ist vor allem und weitgehend eine soziale Verweigerung. Liebe, Wertschätzung oder schlichter Respekt für die Frau sind praktisch ausgelöscht. Was Gilda widerfährt, endet – noch – nicht in einer Tragödie, die Psychoanalyse liefert die Lösung zum Problem.

Das Jahr 1946 markiert den Höhepunkt des Geschlechterkampfs auf der Leinwand. Und es gibt keinen Film, auch nicht einen, der unter dem Deckmantel einer Kriminalgeschichte oder eines Beziehungsdramas à la Freud daherkommt, der eine solche Obsession gezeigt hätte.

Gilda kommt zur Nachkriegszeit in die Kinos. Frauen und Männer, jahrelang voneinander getrennt, hatten sich an ein eigenständiges und unabhängiges Leben gewöhnt. Das erneute Zusammenleben verursachte Reibereien. Die amerikanischen Soldaten machten die Erfahrung, daß die europäischen Frauen anders als die amerikanischen keine dominierende Rolle spielten. Hollywood übernahm unfreiwillig eine Wirklichkeit, die noch eindeutiger in der zeitgenössischen amerikanischen Literatur widergespiegelt ist. Die folgende Seite aus dem Roman *The City and the Pillar* von Gore Vidal mag dies belegen:

»Amerika wird von den Frauen regiert. Sie herrschen über unser Vermögen, bestimmen unsere Erziehung und nehmen Einfluß auf unsere Gewohnheiten. Politik interessiert sie nicht, sie scheint ihnen als schmutzige Angelegenheit, dennoch bin ich davon überzeugt, daß eines Tages eine Präsidentin an der Spitze der Vereinigten Staaten stehen wird. Die Mehrheit der Männer ist kastriert und damit nicht gefährlicher als ein Schoßhündchen. Die amerikanische Frau fragt sich heutzutage, warum sie unglücklich ist. Sie findet, daß die amerikanischen Männer nur mittelmäßige Liebhaber sind, und sie hat recht. Die Durchschnittsmänner lieben die Frauen nicht aufgrund ihrer Persönlichkeit, sondern in der Erinnerung an die kindliche Ergebenheit ihren Müttern gegenüber, akzeptieren sie deren Autorität. Die Männer gehen ihren Frauen aus dem Weg und flüchten sich in einen der tausend exklusiven Männerclubs, und die Frauen fühlen sich schließlich vernachlässigt. Mit fortschreitendem Alter erkennen sie, daß die Schwachen nicht die Starken beherrschen können, und, ohne ihre Ehemänner, wenden sie sich mit ihrer ungestillten Liebe mehr und mehr ihren Söhnen zu. Sie lehren ihre Söhne, sich vom Vater abzuwenden und nur die Mutter zu lieben. Später dann impfen sie ihnen ein Mißtrauen gegenüber Mädchen und Frauen ein… Die Menschen hier wundern sich über die vielen gescheiterten Ehen. Aber die Ehemänner entpuppen sich eben nicht als die gewünschten Liebhaber und Sklaven zugleich, denn ihre Mütter haben ihnen beigebracht zu herrschen und zu befehlen… «

Gilda ist für das amerikanische Nachkriegskino genau das, was in der Literatur seinerzeit die für das Theater umgeschriebene Erzählung »Mrs. Stone und ihr römischer Frühling« von Tennesse Williams repräsentierte: eine schauderhaft-beunruhigende, erbarmungslose Geschichte.

Einstellungen

Für seine Rita-Hayworth-Biographie (1977) hat John Kobal eine Reihe von Kollegen über ihre Zusammenarbeit mit der Schauspielerin befragt.

Jack Cole (Choreograph):

Es gab 'ne Menge Filmdivas, die waren zu nichts in der Lage, aber sie waren halt Stars, und du mußtest sie mit Samthandschuhen anfassen. »Das war ja schon wunderbar, aber das kannst Du bestimmt noch besser, Schätzchen.« Zu Rita konnte man einfach sagen: »Baby, Du trittst Dir ja selbst auf die Füße.« Sie war überhaupt nicht eitel - keine Spur von dem Getue einer Sarah Bernhardt.

Ich entwickelte mit ihr eine Arbeitsweise, die ich später auch bei der Monroe anwandte. Bei Nahaufnahmen, z.B. wenn Rita Samba tanzte oder sang, ging ich bis auf einen Meter an sie heran, und sie imitierte dann meine Mimik. Ich befeuchtete meine Lippen, öffnete den Mund, so als könnte ich keine Luft bekommen, und sie machte mir alles nach, immer und immer wieder, als gäbe es nur uns auf der Welt. Es war ihr überhaupt nicht peinlich, wenn ihr jemand zeigen mußte, wie sie verdammt noch mal mit ihren Wimpern zu klimpern hatte oder wie sie ihre Sexszene drehreif hinbekam. Sie war eine phantastisch gutgelaunte Kollegin, die hart arbeitete. Nicht daß sie übermäßig talentiert gewesen wäre, aber sie war stets bei der Sache. Sie war das Ergebnis einer gemeinsamen Anstrengung – ihre Kleidung, ihr Make-up, das Drehbuch und wie sie es umsetzte – all dies war Teamarbeit. Was sie von den anderen Studioprodukten unterschied, war die ihr eigene erotische Ausstrahlung.

Bei der Arbeit war Rita ganz brav: kein Sex zwischen den Aufnahmen, keine Zechgelage in der Mittagspause, selbst bei übermäßigem Streß höchstens abends mal 'nen Schnaps. Viele Schauspieler trinken, weil sie sechs Tage pro Woche ununterbrochen arbeiten und zur Diät gezwungen sind, da die Kamera am nächsten Tag gnadenlos jedes Milligramm Fett zuviel beleuchtet. Man hat keine Zeit, nebenbei Beziehungen aufzubauen, und bei der Arbeit ist man nur eine Maschine, die folgsam ihre Haare wäscht, färbt, trocknet und zurechtmacht. Danach – trara-trara, das Make-up. Zuhause heißt es dann den Text lernen, schlafen und dazwischen irgendwie noch den Ehemann einbauen. Da kannst du von niemandem Verständnis erwarten – also fängst du an zu trinken.

Rita war ein einsamer Mensch, das konntest du immer spüren. Während der Proben saß sie manchmal mit den anderen Mädchen zusammen, aber meistens war sie allein, nicht aus Zurückhaltung, sondern weil sie es so wollte. Und immer ganz Dame. Als ich damals mit ihr zusammenarbeitete, ging es ihr gerade besonders dreckig. Um dennoch drehen zu können, zermarterte sich die Truppe das Hirn, besonders in der Mittagspause. Aber vor fünf Uhr nachmittag lief überhaupt nichts wegen ihrer verquollenen Augen. Mit den Stars mußte man die Tanzproben immer morgens ansetzen, weil sie nachmittags schon so weiche Knie hatten, daß sie eine Stütze brauchte. Das ganze Drehstudio, ausgestattet mit allen Schikanen, das gesamte Personal, alles wartete nur noch auf den Star, der, mit einem Glas Champagner Rumbarhythmen lauschend in der Garderobe saß. »Schätzchen, alle warten draußen auf Dich.« – »Ich komme, sobald ich fertig bin, Süßer« war die schlichte Antwort. So lief das immer ab. Mit Rita dagegen klappte alles reibungslos – ohne einen Tropfen Alkohol.

Die Columbia-Filmstudios behandelten Rita nicht so, wie andere Studios das mit ihren Stars taten. Harry Cohn konnte z.B. sagen: Hier ist das Drehbuch, am Montag früh um zehn Uhr bist Du zur Kostümprobe hier. Das war alles. Ob sie überhaupt wollte, ob sie das Drehbuch mochte, wie ihr die Rolle gefiel, all das war völlig schnurz. Mach', was von Dir verlangt wird! Als wärst Du ein gehorsames, gezähmtes Zirkuspferd. Harry Cohn hatte das Recht, sich so zu verhalten, denn ihm gehörten die Studios. Wenn er bloß nicht solch ein Ekel gewesen wäre. Er behandelte sie einfach nicht wie einen Star, sondern wie ein Flittchen, das zu parieren hatte. »Weshalb braucht sie in ihrer gottverdammten Garderobe Chintzbezüge?« Columbia tat nichts dafür, daß die Stars sich wohl fühlten. Zanuck machte das mit der Monroe genauso. Anstatt ihr einen Wagen für den Weg zum Studio zur Verfügung zu stellen oder ihre Garderobe sauber zu halten, was weiß Gott nicht mit aufwendigen Kosten verbunden gewesen wäre, sagten sie sich: Warum sollten wir? Ganz einfach, weil dann die Mädchen gespürt hätten, daß sie wunderbar sind und man sie anbetet. Statt dessen behandelte man sie wie den letzten Dreck, und sie gewöhnten sich zwangsläufig daran. Zwei Wochen nach Drehbeginn verschwanden sie dann, und ohne sie war der ganze Film futsch. 750.000 Dollar waren in den Sand gesetzt, und die Glamourladies wußten das natürlich. Harry hätte sich eine Menge Ärger ersparen können, wäre er etwas netter zu Rita gewesen.

Coburn (Photograph):

Wehe mir, wenn ich einmal unkonzentriert war und eine schlechte Aufnahme der Hayworth oder eines anderen Stars machte. Cohn zitierte mich dann sofort zu sich. Damals wurden vom Johnson-Büro sämtliche Photos, auf denen ein Brustansatz zu sehen war, wieder an uns zurückgeschickt. Es herrschte strenge Zensur. Von den Brüsten durfte nichts zu sehen sein, noch nicht einmal der Spalt dazwischen. Eine Frau hatte schlichtweg keinen Busen zu haben. Da Rita eine sehr weibliche Frau war, verbrachten wir eine Menge Zeit mit Retuschieren...

Sie war kein Nachtschwärmer, aber natürlich mußten wir auf Falten unter den Augen und um den Hals achten. Auch geringfügige Hautunebenheiten, wie etwa kleine Pickel, waren selbstverständlich auf den Photos unkenntlich zu machen. Ich erinnere mich nicht, daß die Hayworth sich jemals ein Photo von sich angeschaut hat und glaube sogar, daß sie sich niemals darum scherte, wie sie auf den Photos aussah. Zuweilen fragte sie, ob die Photos etwas geworden seien, doch sie selbst unterzog sie nie einer kritischen Prüfung, um sie schließlich gutzuheißen. Das ist wirklich selten bei Frauen.

Cohn dagegen war um so mehr um ihr Aussehen besorgt. Er rief immer an, wenn er erfuhr, daß ich sie photographierte. Die beiden stritten viel miteinander. Ich versuchte dauernd, Cohn klarzumachen, daß ich hervorragende Photos machen könnte, wenn er aufhören würde, dauernd an ihr herumzuzupfen. Doch er fuhr immer weiter fort, sie herzurichten.

Doris Fisher (Komponistin der Gilda-Songs):
Am nächsten Tag erhielten wir das Drehbuch, man teilte uns mit, daß sie ein paar Songs dazu wollten und für welche Stellen sie vorgesehen waren. Um drei Uhr nachts übten wir ein wenig auf dem Klavier, in einem Büro in der Vine Street, da wir keine eigenen Räumlichkeiten hatten. Und plötzlich, ich weiß auch nicht wie, war er da, der Song *Put the Blame on Mame.* Al [der Ko-Komponist Allan Roberts] nannte ihn so, damit er zum Drehbuch paßte. Die Melodie dieses Songs trugen wir schon längere Zeit mit uns herum, deswegen war er innerhalb weniger Stunden geschrieben. Ein oder zwei Tage später schrieben wir *Amado Mio,* weil wir etwas mit südamerikanischem Flair brauchten. Dann wurden die Tanzszenen aufgenommen – der Film war schon abgedreht – und im nachhinein in die Geschichte eingebaut.

Rita traf ich erst, nachdem wir die Songs geschrieben hatten. Ich war ein absolutes Wrack, denn ich mußte mit auf die Bühne mit all den Riesenscheinwerfern, und das auch noch vor Vidor, Virginia Van Upp und den anderen. Ich hatte niemals zuvor für den Film gearbeitet, und dann plötzlich der ganze Rummel vor der Kamera, wo ich Rita die Lieder vorspielen sollte – ich war wie gelähmt. Gegen zehn Uhr morgens etwa kam Rita und setzte sich auf den kleinen Schemel neben dem Klavier. Ich drehte mich zu ihr und sagte: »Ich bin mit den Nerven völlig am Ende«. Und mit ihrer ruhigen Klein-Mädchenstimme entgegnete sie: »Mir geht es genauso.«

Zwei Wochen später begannen wir, die Lieder zu synchronisieren. Bisher hatte Nan Wynn die Songs von Rita gesungen, aber sie war nicht aufzufinden. So engagierten wir

Anita Ellis. Sie sang wie Nan, mit der hingehauchten Stimme einer Elfe. Wenn man sich die Filmszene dazu anschaut, sieht man Ritas anstößige Strip-Gesten, die Cole ihr eingebleut hatte. Aber wenn man nur die Stimme hört, tritt die Zaghaftigkeit hervor, die so typisch für Rita war.

Charles Vidor (Regisseur):
Wir hatten noch kein abgeschlossenes Drehbuch, wir wußten nie, was als nächstes kam, und begannen die Aufnahmen sogar ohne den Hauptdarsteller. Jeden Abend nach Drehschluß drückte man uns die Texte für den folgenden Tag in die Hand. Rita mußte nachts ihren Part lernen, genauso wie ich und Jean Louis, der Kostümbildner, der es irgendwie fertigbrachte, uns immer eine Nasenlänge voraus zu sein. An diesem speziellen *Mame*-Drehtag wußte morgens niemand von uns, wie Rita aussehen würde. Sie schlenderte auf die Bühne, ihren Kopf auf diese wunderbare Weise hoch erhoben, mit tapsigen Schritten wie ein geschmeidiges Tigerjunges, und die Pfiffe, die sie dafür erhielt, hätten eine Versammlung von Kanarienvögeln in den Schatten gestellt. Sie genoß jede Sekunde ihres Auftritts. Dann begann sie ihre sorgfältig einstudierte *Mame*-Nummer, die beim zweiten Mal im Kasten war. Ich war stets bestrebt, die großen dramatischen Szenen morgens mit ihr zu drehen, nachmittags schwenkten wir mit der Kamera nur ein wenig um sie herum, da Rita um diese Zeit, selbst wenn man es ihr nicht ansah, abgespannt war; ihr Tag begann für gewöhnlich um sechs Uhr morgens. Ihre beste Leistung brachte sie meistens bei der zweiten Aufnahme, manchmal bei der dritten. Wenn die Szene dann noch nicht im Kasten war, wurde es problematisch, da sie

auf alles sehr sensibel reagierte. Nach der dritten Einstellung war ihre Arbeitsmoral am Ende.

Wirkliche Schwierigkeiten gab es nur bei einer Szene, in der sie Glenn ins Gesicht schlagen sollte, was ihr völlig gegen den Strich ging. Privat hätte sie so etwas nie getan, genauso wenig wie sie einen Mord begangen hätte. Sie war viel zu gutmütig, viel zu zart besaitet. Mit Gewalt etwas zu erreichen, war nicht ihre Art. Sie wußte genau, was sie wollte, und hielt unerschütterlich an ihrem Ideal oder ihrem Plan fest – aber sie kämpfte nicht dafür. Statt dessen wartete sie – still und geduldig, ein Beispiel friedfertig-sanfter Arbeitsverweigerung. Mit der ihr eigenen Zurückhaltung erreichte sie, was immer sie wollte.

Es ist wohl mein Schicksal, daß ich immer zu Zeiten mit Rita Filme machte, wenn sie sich in einer privaten Krise befand. Als wir mit *The Lady in Question* begannen, wurde gerade ihre Scheidung von Ed Judson rechtskräftig. Beim Drehstart von *Cover Girl* war die Hochzeit mit Orson Welles in Vorbereitung. Während der Dreharbeiten zu *Gilda* trennte sie sich von ihm. Eines Morgens erschien sie nicht zur Arbeit und schickte uns eine kurze Mitteilung, daß es ihr unmöglich sei, ins Studio zu kommen. An diesem Abend wurde ihre Scheidung bekanntgegeben. Am nächsten Morgen erschien sie mit blassem Gesicht, tonloser Stimme und leerem Blick, dennoch brachte sie es fertig, sich auf die Szenen zu konzentrieren und machte ihre Arbeit perfekt. Ich weiß nicht, warum die beiden sich scheiden ließen. Mir gegenüber erwähnte sie nie etwas. Ich bezweifle, daß sie mit irgend jemand darüber gesprochen hat, anders als die meisten Filmdiven hatte sie keine »Busenfreundin«; sie war sich selbst der beste Rat.

Zerfall einer Persönlichkeit

Wolfgang Ruf (1974)

Der 1947 entstandene Spielfilm »The Lady from Shanghai«
ist neben »Citizen Kane« (1941) der gelungenste Film von
Orson Welles. So konsequent wie hier konnte Welles nur
selten seine Vorstellungen verwirklichen. Häufig mußte er
mittelmäßige Stoffe akzeptieren. Bei einigen Filmen wurde
die Endmontage oder gar der Abschluß der Dreharbeiten
von anderen übernommen.

Auf den ersten Blick mag man vielleicht nicht gleich erkennen, daß Welles in seinem Film »The Lady from Shanghai«
das Thema von »Citizen Kane«, den Zerfall der Persönlichkeit wieder aufnimmt. Aber so wie sich hinter Kanes Ver-
sion des amerikanischen Erfolgsmenschen ein Abgrund an
Mittelmäßigkeit und Bedeutungslosigkeit auftut, so zeigt
Welles hier hinter der Fassade von Schönheit, Reichtum
und Potenz den totalen moralischen Verfall. Demonstra-
tionsobjekt ist ihm vor allem die Hauptdarstellerin Rita
Hayworth, das Sexidol der vierziger Jahre. Welles, der zur
Zeit der Dreharbeiten in einer wohl brüchigen Ehe mit dem
Hollywoodstar auch persönlich verbunden war, entmystifi-
zierte die amerikanische Frau, deren Symbol Rita Hayworth war. Unter dem Idealbild, das der Film aus ihr gemacht hatte, entlarvte er ein »Monstrum, eine Männerfres-
serin, eine Gottesanbeterin«, schrieb der französische Film-
historiker Maurice Bessy.

Orson Welles spielt selbst eines ihrer Opfer, den Seemann

Michael O'Hara, der die schöne Elsa Bannister zunächst gegen eine Gruppe Rowdys beschützt, dann für einen simulierten Mord engagiert wird und schließlich unter tatsächlichen Mordverdacht gerät. Diese Kriminalstory ist für Welles freilich nur der Anlaß, hinter dem falschen Schein, dem faszinierenden Glanz und der rührenden Idylle die schreckliche Wirklichkeit eines gesellschaftlichen Verfalls und einer moralischen Fäulnis in abgründige Bilder und Montagen zu fassen.

Dreharbeiten in Tobago

Unter der Voraussetzung, Rita Hayworth aufzuspüren, die sich nach dem Scheitern ihrer vierten Ehe mit ihren beiden Töchtern in Europa versteckt hielt, war Produzent Cohn bereit, seinen Star für den Film »Fire Down Below« (1957) auszuleihen. Regisseur Robert Parrish machte sich auf die Suche und wurde schließlich in einem Hotel in Paris fündig.

Ich schlug mich bis zur Tür der Suite 810 durch und klopfte. Erst waren gedämpfte Schritte zu hören, dann öffnete sich die Tür, und vor mir stand Rita Hayworth. Sie war ungeschminkt, barfuß und trug ein einfaches schwarzes Kleid. Außerdem war sie wunderschön.

»Ja«, sagte sie.

Ich stellte mich vor und fragte, ob wir uns kurz über einen Film unterhalten könnten, für den ich bereits Robert Mitchum und Jack Lemmon verpflichtet hatte. »Wird in Hollywood gedreht werden«, wollte sie wissen.

»Nein. Wir haben vor, in Tobago zu drehen und ein paar Innenaufnahmen sollen in einem Londoner Studio gemacht werden. Keine Dreharbeiten in Hollywood.«

»Dann können Sie rein kommen.« Sie servierte mir einen Drink, und ich gab ihr das Drehbuch, auf dem Irwin Shaws Name prangte. »Irwins Arbeit schätze ich sehr«, sagte sie. »Ich lese es gleich heute Abend.«

»Weiß Harry Cohn, daß Sie hier sind«, fragte Rita.

»Er kennt das Projekt, und ist bereit, Sie an uns auszuleihen, aber ich glaube nicht, daß er weiß, daß ich hier bin.«

»Sie reden am besten gar nicht mit ihm«, sagte Rita. »Wenn alles klappt, sollen sich Bert Allenberg, mein Agent, und mein Anwalt Bartley Crum um die Sache kümmern. In welchem Hotel wohnen Sie?«

»Im Lancaster.«

»Ich rufe Sie morgen früh an.«

Das tat sie auch. Ihr gefiel das Drehbuch und die Rolle mochte sie auch, sie konnte es kaum erwarten abzureisen. Also bat ich sie, die Koffer zu packen.

Etwas später rief mich Harry Cohn aus New York an. »Wie ich höre, haben Sie Rita gefunden.«

»Stimmt«, gab ich zurück.

»Wie sieht sie aus?«

»Wunderbar. Sie sieht wunderbar aus.«

»Na und,« sagte der Präsident von Columbia Pictures, »sie sieht immer wunderbar aus« und legte auf, ohne sich zu verabschieden.

Auf dem Flug nach London fragte mich Rita: »Wie sind eigentlich unsere Produzenten?«

»Ganz in Ordnung«, erwiderte ich. »Sie arbeiten hart und wissen, worauf es ankommt. Der eine ist ein wirklich netter Kerl, der andere ist ein bißchen grob. Er schreit viel und geht allen auf die Nerven, dann schaltet sich der Nette ein und bringt wieder alles in Ordnung.«

»Und was macht der Grobe inzwischen?«

»Er verzieht sich, bis ihm einfällt, daß er ja der Co-Produzent ist, dann randaliert er wieder.«

»Genau das habe ich in Paris gemacht.«

»Was, randaliert?«

»Nein, ich habe mich verzogen, vor der Welt versteckt. Es

geht mir auf die Nerven, ständig nach meinem Leben mit Orson und Ali oder nach den Streitereien mit Harry Cohn gefragt zu werden. Ich brauche ein bißchen Abstand, deshalb freue ich mich auch so auf diesen Film. Ich habe endlich Zeit, mein Leben wieder in den Griff zu bekommen.« Als das Flugzeug zur Landung ansetzte, sah sie aus dem Fenster und fragte: »Welcher der beiden Produzenten begleitet uns nach Tobago? Oder kommen etwa beide mit?«

»Nein wir haben den Netten abbekommen, der Randalierer muß in London bleiben und den Laden zusammenhalten.«

»Schickt uns Harry Cohn einen seiner Spitzel?«

»Nein, sagte ich. Warum?«

»Wenn er es nicht tut, wäre es das erste Mal.«

»Sollte einer auftauchen, ignorieren wir ihn einfach.«

»Dieses Projekt gefällt mir von Tag zu Tag besser«, sagte Rita.

Im 15. Jahrhundert hatte Christoph Kolumbus Tobago entdeckt. Nun war es der perfekte Drehort für unser *Spiel mit dem Feuer,* einer Geschichte, in der Hayworth, Mitchum und Lemmon drei gestrandete Individuen darstellen.

Die Hayworth, bekannt als Traumfrau und Sexsymbol, verhielt sich zu mir wie eine jüngere, zu Lemmon wie eine ältere Schwester, und zu »Onkel« Mitchum wie eine Lieblingsnichte. Wir alle mochten sie und merkten schnell, daß sie sich für gewöhnlich auf den Rat und den Schutz eines älteren Mannes verließ. Diese Angewohnheit hatte vermutlich zu ihren unglücklichen Ehen geführt. Einerseits war Rita, während das Studio sie für sich schuften ließ, jahrelang nicht für voll genommen und mißverstanden worden, andererseits hatte man wegen ihres Erfolges einen enormen Aufwand um sie getrieben, dadurch war ein von Natur aus schüchternes und zurückhaltendes Mädchen zu einer sehr mißtrauischen Frau geworden.

Wir charterten ein Frachtschiff und ein Rennboot, mit dem wir Material, Nachrichten, Verpflegung, Post und Gäste zwischen ·dem Frachter und einer kleinen Stadt namens Scarborough hin und her transportierten. Der nette Produzent hatte nicht viel zu tun, also übernahm er eine kleine Rolle im Film. Er spielte einen Drogenschmuggler und machte seine Sache sehr gut. Außerdem war er für das Rennboot verantwortlich. Wenn er morgens unsere Post brachte, war das der Höhepunkt des Tages. Anfänglich bekam Rita keine Post, nicht einmal eine Postkarte, und sie tat uns allen ein bißchen leid. Am fünften Tag erhielt sie dann mehr Post als wir alle zusammen. Wie gewöhnlich vertrieben wir uns die Zeit an Deck, lasen alte Ausgaben der *Variety* und des *Hollywood Reporter,* sahen unsere Post durch oder faulenzten ganz einfach.

Plötzlich hörte ich Jack Lemmon schreien: »Riiiiitaaa! Verdammt, was machst du da?« Ich hob den Kopf und sah Rita an der Reling stehen. Sie zerriß ungeöffnete Umschläge und warf sie ins Wasser. Lemmon nahm ihr die Briefe weg und sagte: »Bist du verrückt geworden? In der Post könnten Schecks sein!«

»Schon möglich«, sagte Rita, »aber ich wette, sie enthält mehr schlechte Nachrichten als Geld.«

Am zehnten Tag brachte der nette Produzent Harry Cohns Spitzel an Bord des Frachters und stellte ihn uns als einen Columbiarepräsentanten vor. Ich schüttelte ihm die Hand: »Willkommen an Bord«, Rita sagte: »Ich habe mich schon gefragt, wann Sie hier auftauchen«, Jack Lemmon brachte ein »Ich freue mich, ihre Bekanntschaft zu machen« über die Lippen, und Mitchum begrüßte ihn mit den Worten: »Hallo Spitzel.« So hieß er dann auch während der gesamten zwölf Wochen, die er mit uns verbrachte. Nicht einfach nur Spitzel, sondern Hallo Spitzel. Man begrüßte ihn mit einem »Guten Morgen Hallo Spitzel« oder »Hallo Spitzel, könnten Sie mir bitte die Butter reichen«, und abends verabschiedete man sich mit einem »Bis morgen Hallo Spitzel«. Er war ein recht unscheinbares bebrilltes Kerlchen mit einem nervösen Zucken, das auftrat, sobald er Mitchum auch nur von weitem sah. Alle außer dem netten Produzenten ignorierten ihn, genau, wie ich es Rita versprochen hatte.

Wieder in London angekommen, bat ich Dickey Dickinson, besonders viel Zeit und Mühe auf eine bestimmte Nahaufnahme von Rita zu verwenden. Rita spielte eine nicht mehr ganz junge Frau, deren Schönheit aber noch nicht verflogen war, und ich wollte sie in dieser Einstellung besonders gut aussehen lassen. Dickey fing an, Ritas Lichtdouble auszuleuchten, und ich zog mich in mein Büro zurück. Nach etwa fünfzehn Minuten klopfte mein Assistent an die Tür.
»Ich glaube, wir brauchen Sie am Set«, sagte er. »Da ist die Kacke am dampfen. Rita heult, ihr Make-up völlig im Eimer, und sie hat sich in ihrer Garderobe eingesperrt.«
»Was ist denn passiert«, fragte ich.
»Einer der Produzenten ist aufgetaucht und fing an, Dickey Dickinson anzuschreien.«
»Weshalb?«
»Weil er so lange gebraucht hat, um Ritas Double auszuleuchten. Dickey hat ihm gesagt, daß Sie sehr viel Wert auf diese Einstellung legen, worauf der Produzent geantwortet hat: ›Die Hayworth wird nicht jünger, ganz egal, wie lange

Sie noch rummachen.‹ Dann hat er mir gesagt: ›Hol den Regisseur, und sag ihm, er soll die verdammte Einstellung jetzt drehen.‹ Ich glaube, er wußte nicht, daß Rita auf dem Set war und alles mitgehört hat.«

»Was ist dann passiert?«

»Rita hat sich in der Garderobe eingeschlossen, und der andere Produzent hat versucht, sie zurückzuholen. Rita hat mit einer Flasche Aceton nach ihm geworfen, sie dachte, es wäre der Schreihals.«

Wir mußten die Dreharbeiten für zwei Tage unterbrechen. Rita weigerte sich zurückzukommen. Schließlich sicherte ihr der nette Produzent zu, daß der Schreihals nie wieder im Studio erscheinen würde. Während ihrer Ehe mit Orson Welles hatte sie eine Menge über das Filmemachen gelernt. Sie wußte, daß es sehr teuer ist, einen der Hauptdarsteller zu feuern, wenn bereits 90% des Films abgedreht sind.

Als die Dreharbeiten abgeschlossen waren, trafen sich Mitchum, Lemmon, Hayworth und ich zu einer kleinen Abschiedsfeier im Les Ambassadeurs, einem noblen Club in Mayfair. Wir verstanden uns trotz allem immer noch gut miteinander. Nach dem Essen brachte Jack Lemmon Rita nach Hause. Mitchum und ich bestellten uns noch einen letzten Drink und redeten über die Dreharbeiten. Als die Sprache auf Rita kam, fragte ich ihn: »Was ist eigentlich Ritas Geheimnis?«

»Ritas Geheimnis ist, daß es kein Geheimnis gibt«, sagte Mitchum.

»Sie ist eine ganz gewöhnliche, wahnsinnig nette Frau, die viel zu lange von allen möglichen Leuten ausgenutzt worden ist.«

Was Journalisten empört

»Das Süße Leben der Rita Hayworth« war der folgende Bericht im *»Stern«* aus dem Jahr 1961 betitelt.

Mehr als eine halbe Stunde lang wartete im Foyer des feudalen römischen Hotels Flora in der Via Vittorio Veneto eine unübersehbare Schar von Journalisten vergeblich auf den Beginn einer Pressekonferenz. Als sie dann erschien – die 42jährige Margarita Carmen Hill, geborene Cansino, geschiedene Mrs. Edward C. Judson, geschiedene Mrs. Orson Welles, geschiedene Prinzessin Ali Khan, geschiedene Mrs. Dick Haymes, derzeitige – wie schon gesagt – Mrs. James Hill, einstmals weltberühmt unter dem Namen Rita Hayworth – als sie dann endlich geruhte einzutreffen, hatte sie bereits eine halbe Schlacht verloren.

Als sie weitere 32 Minuten später mit einer wenig freundlichen Mischung aus Ungeduld und Angeödetsein die Konferenz beendete, hatte sie einerseits eine der schwersten Niederlagen ihrer Laufbahn verschuldet, zum anderen hatte sie etwas erreicht, was vor ihr noch kein Prominenter fertiggebracht hatte: Sie hatte die traditionell betont unerschütterlichen römischen Journalisten in echte Empörung versetzt.

Man war verärgert über die hektische Entrüstung, mit der Rita noch so harmlosen privaten Fragen aus dem Wege ging; obwohl sie sich wenige Tage zuvor im Mailänder Nachtklub *»Marocco«* mit einer Hemmungslosigkeit zur Schau gestellt hatte, die bei einer 42jährigen Mutter einer erwachsenen und einer halberwachsenen Tochter recht befremdete und an Szenen aus Fellinis berühmt-berüchtigtem Film »Das süße Leben« erinnerte.

Selbst diese hartgesottenen Burschen hatten sich von der einstigen »Venus des Atomzeitalters«, von der »Miß Dynamit«, von der explosiven, rothaarigen, biegsamen, temperamentvollen Schönheit von einst eine Vorstellung bewahrt, die von der heutigen Rita Hayworth jäh zerstört wurde:

Die glänzenden Glutaugen von damals waren müde und stumpf geworden, und die vielen, von keiner Kosmetik mehr verdeckbaren Fältchen im Gesicht der Diva erzählten die traurige Geschichte einer Frau, die alles Glück dieser Welt besessen und nichts davon hatte behalten können.

Das hemmungslose Treiben in Nachtlokalen ward jäh erkennbar als Flucht vor der Erkenntnis, daß in ihrem Leben nun andere Werte bestimmend sein mußten als Schönheit und Gestalt.

Und die reizbare Ungeduld, mit der Rita Hayworth ihre Umgebung tyrannisierte, konnte nicht verbergen, daß sie im Grunde nicht mit ihrer Umgebung, sondern mit sich selbst unzufrieden war.

In ihrem 43. Lebensjahr – so scheint es – kann niemand, auch sie selbst nicht, eine Antwort auf die Frage nach dem Sinn dieses Lebens, des Lebens der Schauspielerin und Tänzerin Rita Hayworth geben.

So blieben – in Rom zum ersten Male deutlich sichtbar – als Bilanz eines 42jährigen Lebens: Langeweile, Entgleisungen, Skandale, halbseidene Lokale – und inmitten all dessen eine Frau, die vor der alltäglichen und zugleich schwierigsten Aufgabe des Lebens zu versagen droht: der Kunst, mit Anstand älter zu werden.

Heartbreak Hollywood

Bernard Drew (1977)

Im Spätsommer 1953, etwa eine Woche, bevor ich zu meiner ersten kurzen Reise nach Los Angeles aufbrechen wollte, eine Spritztour von einem Monat, die sieben Jahre dauern sollte, sah ich bei einem Spaziergang durch den Central Park, wie eine stämmige ältere Frau von einer Bank aufstand, auf der sie geschlafen hatte, und geblendet in die Sonne blinzelte.

Ihr blondiertes Haar hatte tausend Farben, Wimperntusche lief ihr über das dicke Gesicht, der Lippenstift machte nicht den erhofften Schmollmund, sondern verschmierte ihn nur. Die Strümpfe hatten Laufmaschen, das schwarze Satinkleid war verknittert, der Florentinerhut mit schwarzer Spitze, den sie jetzt auf dem Kopf zurechtzurücken suchte, war kaputt und verbeult.

Sie kam mir bekannt vor. Als sie sah, daß ich sie anstarrte, schien sie nicht verlegen, sondern entzückt. Sie nickte mir ernst zu, wie eine Königin einem Untergebenen, und setzte dann ein Lächeln auf, das als strahlend und freundlich zugleich gedacht war. Mit Mühe erhob sie sich, bewegte die Arme ungelenk durch die Luft und begann, »The Merry Widow Waltz« zu summen. Ihre abgetragenen Satinpumps schlugen auf den Blättern am Boden leicht den Takt.

»Meine Güte, das ist Mae Murray«, dachte ich. »Diese arme alte Frau ist Mae Murray.« Mae Murray, die mit John Gilbert in Stroheims Film »The Merry Widow Waltz« getanzt hatte, die Millionen verdient und fast alles einem jener Gigolos gegeben hatte, mit dem sie kurz verheiratet war, die einfach einen Vertrag mit Louis B. Mayer nicht eingehalten hatte und als Strafe für so viel Arroganz ausgestoßen und zerstört worden war, schlief jetzt hier im Park.

Am darauffolgenden Montag brach ich nach Kalifornien auf und blieb dort, bis sie mich in ein Flugzeug schubsten und ich auf allen Vieren nach Hause gekrochen kam. Ich hatte nie Millionen verdient, war nie ein Star geworden, hatte nie eine Adlige geheiratet, nicht einmal eine falsche, doch was mit Mae Murray geschehen war, hatte durchaus etwas damit zu tun, was mir geschehen war.

Jetzt sitze ich in einem Hotel mitten in Manhattan, von Hollywood zeitlich und räumlich weit entfernt, kann auf mein Leben zurückblicken und einiges erkennen, was schief gelaufen ist. Wenn ich heute eine Zeitschrift aufschlage und beunruhigende Geschichten über Rita Hayworth, Roman Polanski oder die Söhne von Gregory Peck und Charles Boyer lese, mich an Lana Turner und Cheryl Crane erinnere, daran denke, wie Judy Garland, Frances Farmer, Marilyn Monroe und Errol Flynn zu Anfang aussahen und wie zu Ende, bin ich traurig, ja bekümmert, aber nicht überrascht und ganz sicher nicht schockiert.

Psychiater und Soziologen halten Antworten bereit. Wer ins Showbusiness geht, sagen sie, tue dies, weil er von einem Todeswunsch getrieben sei, weil er sich nach Selbstzerstörung sehne, und das südliche Kalifornien macht diesen Prozeß etwas angenehmer, da es dort keine Jahreszeiten gibt, die dich daran erinnern, daß die Zeit vergeht und deine Uhr abläuft. Die Fachleute sagen auch, die Leute im

Showbusiness seien im Grunde ihres Herzens alle Kinder mit einem unstillbaren Verlangen, geliebt zu werden, aber mit dem Fluch belegt, Liebe weder geben noch wirklich nehmen zu können. Ein Bühnenstar verführe leichter jeden Abend ein tausendköpfiges Publikum, ein Filmstar Millionen Menschen rund um die Welt, als daß es ihnen gelänge, einen einzigen Menschen auf Dauer zu lieben.

All das ist wahr, und doch ist es nicht die ganze Wahrheit. Als Rita Hayworth vor kurzem Schlagzeilen machte, fragte sich Harriet Van Horne, in einem Artikel, warum eine Frau, die so geliebt wird, sich selbst nicht hat lieben können.

Wann wurde sie denn so sehr geliebt? 1935, als sie, gerade sechzehn Jahre alt, nach Hollywood gebracht wurde, um in *Dantes Inferno* aufzutreten, nachdem sie in einem Nachtlokal in Agua Caliente entdeckt worden war, wo sie mit ihrem Vater tanzte? Oder später, als sie mit einem viel älteren Geschäftsmann verheiratet war, der sie zu einem Standardvertrag mit Columbia, Dutzenden von schnellen Nummern und einigen kleinen Rollen in besseren Filmen zwang, bevor sie 1941 als die Verführerin auftauchte, die in *Strawberry Blonde* James Cagneys Leben ruinierte, Tyrone Power in *Blood and Sand* ins Verderben lockte und in *My Gal Sal* in riesigen Krinolinen im Vollmond spazierte? Oder noch fünf Jahre später, als sie, nun am Gipfel angelangt, in *Gilda* die langen schwarzen Handschuhe schwang, dazu tanzte und »Put the Blame on Mame« sang?

Dies war ihr Höhepunkt. Danach konnte es nur bergab gehen. Es mochte eine Heirat mit dem Genie Orson Welles geben, oder eine weitere mit einem bei der Presse beliebten Prinzen, die Kriege und Epidemien von den Titelseiten verdrängte, doch als sie achtundzwanzig Jahre alt war, begann sich ihre Karriere bereits aufzulösen. Sie machte Platz für die Sexgöttinnen einer neuen Generation. Ava Gardner, die zum ersten Mal in *The Huckster* auftrat und nur wenige Jahre später, nachdem sie mit dem Fliegenden Holländer über endlose Meere gesegelt und eine barfüßige Gräfin gewesen war, Hayworth ersetzen sollte. Und es dauerte nicht lange, bis Marilyn Monroe Gardner verdrängte.

Alles verschwindet mit der Zeit, aber in Hollywood geschieht die Abnutzung schneller als anderenorts. Die Einsätze sind höher, die Investitionen größer und die Künstler verletzlicher, weil sie weniger Zeit haben. Während sie in Beifall und Liebe baden, wartet ihre Ablösung schon hinter den Kulissen.

Du magst nichts gelernt haben, du magst nicht ausgebildet sein, aber wenn der nette Herr in der Revue oder in den Wandelhallen einer Akademie gerade dich besonders bemerkenswert findet und zu dir sagt, »Komm mit, ich mache einen Star aus dir. Schließe die Augen und folge mir«, dann schließt du die Augen, folgst und hoffst das Beste.

Das Beste kommt nur zu sehr wenigen, selbst die sehr wenigen können es nur kurz halten, und was bleibt, wenn es vorüber ist? Wieviel Trost konnte Rita Hayworth 1952 daraus ziehen, als sie zehn Jahre zurückblickte und erkannte, daß sie, zusammen mit Betty Grable, das Traummädchen einer gesamten Armee gewesen war, aber daß es jetzt schon wieder einen neuen Krieg mit neuen erotischen *idées fixes* gab? Du magst das Symbol für ein ganzes Land sein, für dich selbst bist du niemals ein Symbol. Als alles vorüber war, bereitete es Rita Hayworth ebenso wenig Freude, sich sagen zu können, »Herzchen, du warst die Hoffnung des Zweiten Weltkriegs«, wie Dolores Del Rio der

Satz, »ich war orchideengleich«, Ann Sheridan, »ich war sexy«, oder Greta Garbo, »ich war eine lebende Legende«.

Was ist eine Legende? Jemand, der die Zeiten überlebt und das scheinbar Unüberwindliche überwindet. Es hilft, leider, jung zu sterben und auf ewig in der Zeit zu erstarren, in der Blüte deines Lebens und auf dem Höhepunkt deiner Karriere, so, wie Marilyn Monroe immer die Sechsunddreißigjährige in *The Misfits* bleiben wird.

Manchmal war es von Nutzen, unter den Kreativen einen Ehemann oder Liebhaber zu haben, der die Dinge vorantrieb. Als Rita Hayworth mit Orson Welles verheiratet war, machten sie einen Film zusammen, *The Lady from Shanghai*. Er ist nicht Welles' bester Film, aber er stellt Hayworth auf spektakuläre Weise zur Schau. Sie scheint wunderbar zu spielen, obwohl sie im Grunde kaum mehr macht, als auf aufreizende Weise überaus präsent zu sein.

Binnen ein oder zwei Jahren ist Welles von der Bildfläche verschwunden, Auftritt Ali Khan. Hayworth widersetzt sich Papa Harry Cohns strengen Ermahnungen, gerade so, wie Mae Murray zwei Generationen zuvor Louis B. Mayer getrotzt hatte. Hayworth läßt zu, daß sich das Leben einmischt und möchte lieber die Prinzessin eines Königreichs sein, das niemals ihr gehören kann, als diese wenigen Superstar-Jahre, die ihr noch bleiben, bevor ihre Attraktivität unweigerlich abnimmt, an ihrer Karriere zu arbeiten. Drei Jahre später kehrte die frühere Prinzessin nach Hollywood zurück, die Ehe ist zerbrochen. Sie möchte unbedingt wieder arbeiten, aber so leicht verzeiht Papa Cohn nicht. Er hat ihr alles gegeben, doch er erwartet als Gegengabe unbedingten Gehorsam, und sie war ungehorsam. Zudem hat auch seine tiefe väterliche Liebe Grenzen.

Die Liebe existiert, so lange Rita das Geld im Kasten klingeln läßt.

Die Superproduzenten und die Superagenten, die die Verträge aushandeln, die in Hollywood wirklich zählen, beginnen, auf dem Tennisplatz zwischen Aufschlag und Gleichstand die Trommeln zu Ritas Ableben zu schlagen. »Rita ist fertig. Was soll's, sie ist dreiunddreißig. Wir leihen uns Lana oder Ava oder eine von den kleinen Neuen, Marilyn oder Kim.« Heute gibt es das alte Studiosystem nicht mehr. Aber es gab eine Zeit, da konnte ein erfolgreicher Produzent die gegenwärtige Liebe seines Lebens, ein Mannequin vom Laufsteg oder einen Cheerleader von einem Football-Platz nehmen und zum Star machen. Es mochte eine Menge Geld kosten, es mochte in jeder Entstehungsphase des Films einer Armee talentierter Fachleute bedürfen – sie mußte sorgfältig gekleidet, frisiert und ausgeleuchtet werden, die richtige Musik bekommen und als Schauobjekt so wenig wie irgend möglich sprechen, während die wirklichen Schauspieler die Arbeit machten – aber baute nicht Samuel Insull für Ganna Walska eine Oper, schaffte es William Hearst nicht, Marion Davies eine Karriere zu zimmern, ebenso wie Irving Thalberg für Norma Sherer und David O. Selznick für Jennifer Jones?

Oscar Wilde hat gesagt, größer als die Tragödie, nicht zu bekommen, was man möchte, sei die, es zu bekommen. Doch ein kurzzeitiger Erfolg ist nicht das einzige, was in Hollywood Kummer macht. Auch Scheitern sollte dort niemandem zu Kopf steigen. Über Scheitern wird nicht stillschweigend hinweggesehen, es wird nicht einmal bemerkt. Du existierst einfach nicht mehr. Du wirfst beim Gehen nicht einmal mehr einen Schatten.

Wenn du die Reise nach unten antrittst, ist es schlecht, wenn du ein Jemand bist und noch schlechter, wenn du ein Jemand *warst*, auf lange Sicht jedoch ist es vermutlich besser, wenn du jemand bist, der nie jemand war. Wenn du nichts bedeutet hast, ist niemand da, um den Abstieg zu beobachten. Wenn du Schlagzeilen machst oder gemacht hast, bekommt die geringste Bewegung in diesem Goldfischglas dramatische Bedeutung. Die Presse verbreitet sich mit gleicher Genugtuung über eine nicht mehr zu erkennende Rita Hayworth oder eine Frances Farmer, die einen Polizisten tritt, wie über eine Faye Dunaway, die triumphierend einen Oscar hochhält.

So viele Unglückliche haben offenbar nicht verstanden, daß man eine Stadt, in der Erfolg so glamourös wirkt, so hoch geschätzt und so selten erreicht wird, verlassen sollte, wenn man nicht mehr im Goldfischglas schwimmt. Zu viele bleiben da und warten darauf, daß die glücklichen Zeiten zurückkehren, in Beverly Hills, Malibu, selbst Venice, und schauen unterdessen zu, wie sie eine Erinnerung, ein Gegenstand der Nostalgie oder völlig vergessen werden.

Der langsame Tod

Rosemary Santini und Katherine Barett (1983)

Rita Hayworth, einst weltweit verehrt, kennt heute ihren eigenen Namen nicht mehr. Ihre Tochter, Prinzessin Yasmin, sprach mit uns zum ersten Mal über die grauenvolle Krankheit ihrer Mutter, die Rita nach und nach ihres Gedächtnisses, ihrer Funktionstüchtigkeit und schließlich auch ihrer Persönlichkeit beraubt hat. Rita Hayworth leidet an der sogenannten Alzheimerschen Krankheit, die auch als langsamer Tod bezeichnet wird.

»Meine Mutter ist nicht mehr der Mensch, der sie war«, sagt Yasmin. »Wenn sie lächelt, ist es dasselbe Lächeln. Wenn sie wütend wird, sind es dieselben Gesten, aber ihre Persönlichkeit verschwindet. Es gibt nicht viel, woran man sich halten könnte.«
Rita, 64, hat inzwischen das Endstadium dieser Krankheit erreicht. Sie lebt in einer Wohnung in New York, wo sie von einer Haushälterin sowie rund um die Uhr von Krankenschwestern betreut wird. Sie schläft zehn bis zwölf Stunden täglich, wenn sie wach ist, sitzt sie in einem großen Sessel und blickt leer vor sich hin, oder sie geht ruhelos von einem Zimmer zum anderen. Sie kann weder lesen noch fernsehen und die wenigen Worte, die sie noch sagt – »das ist hübsch«, »nein«, »kalt« – äußert sie jetzt immer seltener. Nur gelegentlich findet in ihrem Gehirn offenbar etwas zusammen. Dann ruft sie plötzlich und ohne äußeren Anlaß aus: »He

used to do that« oder »He told me how to do that«, aber weder Yasmin noch jemand anders kann beurteilen, ob diese Worte bedeutungslos sind, ein verzweifelter Versuch, sich mitzuteilen, oder ob eine unverständliche Erinnerung an ihre Arbeit oder einen ihrer Ehemänner zurückgekommen ist.

Langsame, quälende Veränderung
Über die letzten Jahre mußte Yasmin mit ansehen, wie sich ihre Mutter langsam und quälend veränderte. Rita verlor ihr Gedächtnis, ihre Sprache, ihre Talente und schließlich immer mehr von jenen Charaktermerkmalen, die sie zu einem so einzigartigen Menschen gemacht hatten. Jetzt verschwindet sogar ihre lebenslange Liebe zur Musik: Bis vor kurzem reagierte die ehemalige Tänzerin noch auf Musikstücke, nach denen sie früher anmutig über Tanzfläche und Bühne wirbelte. Dann klatschte sie ein paar Mal in die Hände oder bewegte Schultern und Füße. »Vielleicht erinnerte sie sich irgendwie daran, daß sie Tänzerin war«, sagt Yasmin. »Aber sie reagiert immer seltener darauf. Wissen Sie, man verliert dabei alles, es ist niederschmetternd.« Yasmin unterbrach vor einem Jahr ihre Karriere als Opernsängerin, um sich der Pflege ihrer Mutter und der *Alzheimer Disease and Related Disorder Association*[*] zu widmen. »Das alles belastet mich viel zu sehr, als daß ich mich mit ganzem Herzen dem Singen widmen könnte«, erläutert sie. »Ich werde später zur Musik zurückkehren. Ich bedaure das nicht. Jetzt stehen die Bedürfnisse meiner Mutter an erster Stelle.«

[*] die amerikanische Selbsthilfeorganisation der Angehörigen von Alzheimer-Kranken.

In vielerlei Hinsicht ist Yasmin, wie viele Verwandte von Alzheimer-Kranken, ebensosehr ein Opfer der Krankheit wie ihre Mutter. Es ist quälend, zusehen zu müssen, wie sich ein geliebter Mensch langsam, Schritt für Schritt auflöst. Allein das Zusammensein mit einem Alzheimer-Patienten kann äußerst kräftezehrend sein.

Da ihre Familie reich ist, kann Yasmin es sich leisten, ihre Mutter rund um die Uhr betreuen zu lassen. (Yasmin ist seit zweihundert Jahren der erste weibliche Nachkomme der Aga Khan-Familie. Ihr Bruder, der Aga Khan, lebt in Europa und ist der religiöse Führer von weltweit zwanzig Millionen Ismailiten, einer islamischen Sekte.) Doch dieses Glück haben nur wenige Familien, die von der Alzheimer-Krankheit betroffen sind. Für alle anderen kann die Erfahrung zur Hölle werden, und wenn die finanziellen Möglichkeiten der Familie für Krankenpflege und Haushaltshilfen erschöpft sind, bleibt nur das Pflegeheim.

Es fällt Yasmin offensichtlich schwer, über ihre Mutter und über sich selbst zu sprechen. Sie hat ihr Privatleben bislang entschieden vor dem Scheinwerferlicht der Öffentlichkeit geschützt, das ihre Eltern nicht umgehen konnten. Doch nun, meint sie, muß sie darüber sprechen, was wirklich geschah, als Rita Hayworth in den letzten Jahren ihres Berufslebens vor den Augen von Freunden, Familienangehörigen und der Weltöffentlichkeit zusammenbrach.

»Alle sollen wissen, daß meine Mutter diese furchtbare Krankheit hat und keine heruntergekommene Alkoholikerin ist«, erklärt sie. »Sie hat der Welt so viel gegeben, es war immer schwer für sie, mit dem immensen Druck und der Belastung fertig zu werden.«

127

Gerüchte über Rita Hayworth
Vor etwa sieben Jahren bemerkten Ritas Fans und die Presse, daß sie offenbar erhebliche Probleme hatte. Sie war zu einem Interview nach London geflogen, aber statt allein das Flugzeug zu verlassen, mußte sie von Angestellten der Fluglinie praktisch von Bord getragen werden. Am folgenden Tag erschienen auf der ganzen Welt Bilder, die Rita unsicher auf den Beinen und völlig derangiert zeigten. Es hieß, sie habe während des Fluges getrunken und randaliert. In den folgenden Tagen schien sie sich körperlich zu erholen, aber die Menschen in ihrer unmittelbaren Umgebung bemerkten, daß ihr Verhalten immer merkwürdiger wurde. Es hieß, sie sei untypisch scheu, unruhig und sehr nervös.

Die Presse eröffnete plötzlich die Jagd auf Rita und brachte Schlagzeilen wie »Niedergang der Sexgöttin«. Sie moralisierte, Rita ertrage es nicht, älter zu werden, und suchte »Beweise« für ihren Alkoholismus. »Bei einer Party vor einigen Monaten war sie sehr betrunken«, zitiert 1977 ein Zeitungsartikel einen angeblichen Freund. »Sie begann, alle Gäste rauszuwerfen, obwohl sie selbst Gast war.«

Und sie hatte immer wieder kleine Gedächtnislücken. Als ein Reporter sie nach ihren fünf Ehen fragte, schien sie sich nicht an die richtige Reihenfolge der Ehemänner erinnern zu können und versuchte, sie an den Fingern aufzuzählen (»Reine Schau«, schrieb die Zeitung).

Offenbar waren alle der Meinung, daß Rita exzessiv trank, daher erstaunte es kaum jemanden, als sie 1977 zum Alkoholentzug in eine bekannte Klinik eingeliefert wurde. »Eine Zeitlang glaubte ich auch, daß Alkohol an allem schuld sei«, sagt Yasmin. »Ich dachte, es zerstört ihr Gehirn.«

Die zunehmende Verdunklung des Denkens
Niemand – weder Yasmin noch die Ärzte – wußte damals, daß der frühere Filmstar bereits schwer krank war. Nur Rita Hayworth selbst mag vermutet haben, daß etwas nicht in Ordnung war. Sie war ein sehr introvertierter Mensch, daher kann es sein, daß sie sich insgeheim bereits seit Jahren über die zunehmende Verdunklung ihres Denkens sorgte. Sie muß panische Angst empfunden haben, als Interviewer sie nach einer Vergangenheit fragten, an die sie sich nicht erinnern konnte, als ihre extremen Stimmungsschwankungen dazu führten, daß langjährige Freunde sie verließen.

Im Anfangsstadium wird diese Krankheit häufig nicht erkannt, und es ist durchaus möglich, daß Menschen, deren Denkfähigkeit im siebten Lebensjahrzehnt schwer beeinträchtigt ist, bereits seit sehr vielen Jahren erkrankt sind. Die Symptome – anfangs Vergeßlichkeit und Stimmungsschwankungen, später der völlige Verlust des Gedächtnisses und anderer kognitiver Fähigkeiten – wurden bis vor kurzem im Frühstadium als »emotionale Störung«, im späteren Verlauf als »Senilität« diagnostiziert. Inzwischen weiß man, daß Streß und Depressionen den Krankheitsverlauf zwar beschleunigen können, daß es sich aber nicht um eine psychische Störung handelt. Und man weiß auch, daß die Symptome der Senilität durch Kummer und Krankheiten verursacht werden. Einige dieser Symptome sind reversibel – die Symptome der Alzheimer-Krankheit nicht.

Einiges deutet darauf hin, daß die Krankheit bereits eingesetzt haben könnte, als Yasmin noch ein Kind war. Damals waren Ritas Schwierigkeiten nicht so dramatisch, daß sie ihre Karriere beeinträchtig hätten – sie spielte in Filmen wie *Fire Down Below*, *Pal Joey* und *Separate Tables* – aber es gab doch Hinweise auf eine sich anbahnende Tragödie. Als Yasmin klein war, empfand sie ihre Mutter als magische Gestalt, sie war liebevoll, empfindsam, fürsorglich und überaus romantisch. Doch Rita hatte auch eine andere Seite, mit der Yasmin und ihre Halbschwester Becky fertig werden mußten. Als Yasmin zehn Jahre alt war – etwa um die Zeit, als Ali Khan bei einem tragischen Autounfall starb – begann ihre Mutter, bizarre Stimmungsschwankungen an den Tag zu legen. »Plötzlich war sie schlecht gelaunt und ich wußte nie, warum«, erklärt Yasmin. »Als Kind mußte ich einfach lernen, damit fertig zu werden.«

Sie zögert einen Augenblick und erinnert sich an die Tage, als ihre Mutter in einer Minute freundlich, zugewandt und sanft war, um in der nächsten zu explodieren. »Wir saßen beim Abendessen und sie wurde plötzlich wütend, wegen des Essens oder etwas, das das Dienstmädchen angeblich falsch gemacht hatte. Sie ging dann in ihr Zimmer und kehrte wenige Minuten später zurück, als sei nichts geschehen. Ich dachte immer, es komme vom Trinken, obwohl ich sie nie viel trinken sah. Ich nahm wohl an, daß sie einfach sehr, sehr wenig verträgt.«

Ab den frühen sechziger Jahren wirkten sich Ritas Veränderungen – wodurch sie auch bedingt sein mochten – auf ihre Arbeit aus. Bei Dreharbeiten war sie manchmal reizend und einfühlsam, manchmal überaus schwierig. Manche Filmprojekte platzten, weil sie nicht zum Drehbeginn erschien oder sich plötzlich doch gegen die Rolle entschied. Ende der sechziger, Anfang der siebziger Jahre beherrschte sie ihren Text kaum noch und überwarf sich ständig mit Kollegen. Ihr letzter Filmvertrag – *Tales that Witness*

Madness von Ende 1972 – endete verheerend, als sie nach vier Drehtagen ohne Erklärung fernblieb.

Yasmin studierte damals am Bennington College und war häufig verletzt und verärgert, wenn sie mit ihrer Mutter telephonierte. »Was singst du beim Schulkonzert?« fragte Rita beispielsweise.

»Ich dachte, das hätte ich dir gesagt.«

»Was singst du?«

»Du *weißt* doch, daß ich Dvořáks Requiem singe.«

Ganz unvermittelt wollte ihre Mutter nicht mehr autofahren, keine Autogramme mehr geben, das Haus nicht mehr verlassen.

Das tragischste war vielleicht, daß sie – wie andere Alzheimer-Patienten auch – begann, Freunde und Verwandte ausgerechnet dann vor den Kopf zu stoßen, als sie sie am dringendsten brauchte. Die Frau, die einmal der Mittelpunkt Hollywoods gewesen war, war plötzlich allein, und die Risse, die sich zwischen ihr und ihren Freunden und Verwandten aufgetan hatten, wurden plötzlich zu Abgründen. »Sie zog sich völlig zurück«, sagt Yasmin. »Und weil sie so launisch war, mochten auch viele nicht mehr mit ihr zusammensein. Sie war immer gern allein, aber jetzt war sie *viel zu viel* allein. Sie wollte mit niemandem mehr etwas zu tun haben.«

Schließlich kam der Tag, an dem die erkrankte Schauspielerin ihr Leben nicht mehr allein bewältigen konnte. Yasmin war in New York, als sie erfuhr, daß ihre Mutter in Kalifornien ins Krankenhaus eingeliefert worden war. Sie fuhr umgehend zu ihr und mußte zu ihrem Entsetzen feststellen, daß ihre Mutter nicht wußte, welcher Monat war, den Namen des Präsidenten der Vereinigten Staaten nicht kannte und sich an die Namen ihrer engsten Freunde nicht erinnerte. »Sie war sehr verschlossen geworden, sehr still«, erinnert sich Yasmin. »Aber in ihrem Gesicht stand deutlich die Verzweiflung geschrieben. Ich wußte, daß ich das Leben meiner Mutter in die Hand nehmen mußte.«

Die offizielle Diagnose lautete Alkoholismus, doch ihr Zustand blieb unverändert, als sie überhaupt keinen Alkohol mehr trank, und Yasmin suchte verzweifelt nach anderen medizinischen Erklärungen. Es begann eine frustrierende, zwei Jahre andauernde Odyssee, um von Neurologen und anderen Spezialisten eine Antwort zu bekommen. Schließlich wurde die Alzheimer-Krankheit diagnostiziert, Yasmin, die 1981 zum Vormund ihrer Mutter bestellt worden war, holte sie nach New York.

Wie sind Ritas Aussichten? Hat Yasmin Hoffnungen für ihre Mutter? Yasmin neigt den Kopf und blickt zu Boden. Nein. Nicht wirklich. Sie weiß nicht, wie lange Rita noch leben wird, aber sie weiß, daß sich ihr Zustand nur verschlechtern, nicht verbessern kann.

Sie hat mit ihrer Mutter seit mindestens drei Jahren kein richtiges Gespräch mehr führen können, doch es vergeht kaum ein Tag, an dem sie sie nicht besucht, sie umarmt, mit ihr spricht. »Ich erzähle ihr, was ich gemacht habe und was ich fürs Wochenende plane«, sagt sie, »und manchmal greift sie noch nach meiner Hand.«

Ihre Mutter mag sich nur noch selten daran erinnern, daß sie einmal mit Prinz Ali Khan verheiratet war, oder daß sie auf der ganzen Welt als »Gilda« berühmt war, Yasmin aber hat ihre eigenen Erinnerungen. Wenn die Filme ihrer Mutter im Fernsehen gezeigt werden, sieht Yasmin sie sich gebannt an, und wenn sie über die Rita spricht, die sie einmal kannte, strahlen ihre Augen. »Sie war eine sehr verantwortungsvolle Mutter. Sie hat sich immer gesorgt, daß ich richtig esse, daß ich regelmäßig zum Zahnarzt gehe, und sie wollte *immer*, daß ich aufhöre zu rauchen.« Yasmin lacht ein bißchen schuldbewußt über die Zigarette in ihrer Hand, hält dann inne und denkt einen Augenblick nach.

»Ich glaube, das wichtigste, was ich von ihr bekommen habe, waren ihre Empfindsamkeit und ihre Bescheidenheit. Und ihr ausgeprägtes Gefühl dafür, was richtig und was falsch ist. Wenn ich sie jetzt besuche, muß ich mich innerlich jedesmal stählen. Ich sehe sie so hilflos und muß mich in Gedanken von all dem fast distanzieren, weil sie Dinge sagt und tut, bei denen sich mein Herz zusammenkrampft.«

Rita sitzt in ihrem schönen Wohnzimmer, im Hintergrund spielt leise Musik. Meistens ist sie still, allein mit ihren Krankenschwestern und ihrer Tochter, verlassen von der Welt, die sie einmal vergötterte. Seit sie krank wurde, haben sich nur wenige Menschen nach ihrer Gesundheit erkundigt. Nur wenige Freunde sind geblieben, um sie zu trösten. Und nur Yasmin ist da, um ihr mit der Verwirrung und der tiefen Angst zu helfen, die offenbar geblieben sind, nachdem alle anderen Gefühle, Gedanken und Erinnerungen verblaßt sind.

Die unzerstörbare Schönheit

In der »Frankfurter Allgemeinen Zeitung« erschien am 18. Mai 1987 folgender Nachruf von Wilfried Wiegand.

Ihr Tod erschreckt: Hier ist eine der würdelosesten Krankheiten auf eines der strahlendsten Geschöpfe getroffen. Die unheilbare, in langem Siechtum kulminierende Alzheimersche Krankheit hat vor unseren Augen eine wahre Jahrhundertschönheit vernichtet.

Rita Hayworth besaß alles, was ein Star nur besitzen kann: einen makellosen, trainierten Körper, ein gut geschnittenes Gesicht, eine professionelle Ausbildung als Tänzerin – und über allem den Charme unbefangener, temperamentvoller, optimistischer Jugend.

Hollywood hat sich dennoch schwergetan mit ihr. Wiewohl früh schon für den Film entdeckt, wurde sie von Anfang an in die Rolle des »rassigen« Vamps gepreßt. Das begann 1939 mit »Only Angels Have Wings« von Howard Hawks, fand seinen vielbestaunten Höhepunkt in Charles Vidors »Gilda« (1946) und war mit »The Lady from Shanghai« (Orson Welles, 1948) keineswegs zu Ende.

Was alles an natürlicher Begabung in ihr steckte, durfte sie in ihren Musical-Filmen demonstrieren. Schon der erste »You'll Never Get Rich« wurde ein sensationeller Erfolg. Die Zweiundzwanzigjährige, schrieb ein Kritiker in unübersetzbarer Schlagzeilensprache: »is a blitz, a bombshell and a wow«. Das war, man schrieb das Jahr 1941, nicht zufällig die Sprache des Krieges.

Daß Rita Hayworth jetzt endlich ihren ganzen Charme entfalten, daß sie, abermals mit Fred Astaire, »You Were Never Lovelier« und dann mit Gene Kelly »Cover Girl« drehen durfte – auch das hatte letztlich mit dem Krieg zu tun. Denn jetzt erst, da die amerikanischen Soldaten auf dem Dienstwege mit Pin-up Girls versorgt wurden, verzichtete Hollywood darauf, erotische Ausstrahlung mit einem negativen Etikett zu versehen.

Rita Hayworth, als Margarita Carmen Cansino 1918 in New York geboren, war ein Kind des *show business*: der Vater ein Tänzer spanischer Abstammung, die Mutter eine enge Verwandte von Ginger Rogers. Hollywood wurde auf die Tänzerin schon aufmerksam, als sie gerade sechzehn Jahre alt war. Von ihren fünf Ehen hat die mit Orson Welles Filmgeschichte und die mit Ali Khan Schlagzeilen gemacht. Ihre Rückkehr nach Hollywood hat sie sich besonders durch diesen Ausbruchsversuch nur erschwert: Gerade den Göttern wird nichts verziehen. Ihr Filmruhm verblaßte schnell in den allzu vielen lieblosen Filmen, die bis zu Beginn der siebziger Jahre noch mit ihr gedreht wurden. Ihre leuchtende Schönheit freilich wirkte in jeder Rolle unzerstörbar – auch in unserer Erinnerung.

Lebensdaten

1918	Margarita Carmen Cansino wird am 17. Oktober in Brooklyn, New York geboren.
1928	Ihr Vater eröffnet in Hollywood eine Tanzschule. Sie tritt als seine Tanzpartnerin auf.
1935	Entdeckung durch die Filmgesellschaft Fox: erste Rolle als Tänzerin im Film *Dante's Inferno*.
1937	Heirat mit Edward Judson (Scheidung 1942).
1939	Erste Hauptrolle neben Cary Grant in *Only Angels Have Wings*. Vertrag mit Columbia.
1941-44	Musicals mit Fred Astaire und Gene Kelly.
1943	Heirat mit Orson Welles (Scheidung 1948). Tochter Rebecca wird 1944 geboren.
1946	Mit dem Film *Gilda* erreicht die Berühmtheit Rita Hayworths ihren Höhepunkt.
1948	Der letzte große Erfolg in *The Lady from Shanghai*.
1949	Heirat mit Ali Khan (Scheidung 1953). Tochter Prinzessin Yasmin wird 1949 geboren.
1953	Heirat mit dem Schlagersänger Dick Haymes (Scheidung 1955).
1958	Heirat mit dem Filmproduzenten James Hill (Scheidung 1961).
1977	Alkohol-Entziehungskur.
1981	Ihre Alzheimer-Krankheit wird öffentlich bekannt. Tochter Yasmin übernimmt die Vormundschaft.
1987	Am 15. Mai stirbt Rita Hayworth in New York.

Ausgewählte Filmographie

Only Angels Have Wings (SOS - Feuer an Bord / Flugpioniere in Not / Feuer an Bord!), 1939. Regie: Howard Hawks. Mit Cary Grant, Jean Arthur, Richard Barthelmess.

The Strawberry Blonde (Rotblond ist Trumpf / DieTizianblonde / Die Schönste der Stadt), 1941. Regie: Raoul Walsh. Mit James Cagney, Olivia de Havilland.

Blood and Sand (König der Toreros / Blut und Sand), 1941. Regie: Rouben Mamoulian. Mit Tyrone Power, Linda Darnell.

You'll Never Get Rich (Wer wird schon reich beim Militär?), 1941. Regie: Sidney Lanfield. Mit Fred Astaire, John Hubbard.

You Were Never Lovelier (Du warst nie berückender), 1942. Regie William A. Seiter. Mit Fred Astaire, Adolphe Menjou.

Cover Girl (Es tanzt die Göttin / Das Fräulein auf dem Titelblatt), 1944. Regie: Charles Vidor. Mit Gene Kelly, Phil Silvers.

Tonight and Every Night, 1945. Regie: Victor Saville. Mit Lee Bowman, Janet Blair, Marc Platt.

Gilda, 1946. Regie Charles Vidor. Mit Glenn Ford, George Macready.

Down to Earth (Eine Göttin auf Erden / Es tanzt die Göttin),1947. Regie: Alexander Hall. Mit Larry Parks, Marc Platt.

The Lady from Shanghai (Die Lady von Shanghai), 1948. Regie: Orson Welles. Mit Orson Welles, Everett Sloane.

The Love of Carmen (Liebesnacht in Sevilla), 1948. Regie: Charles Vidor. Mit Glenn Ford.

Affair in Trinidad (Affäre in Trinidad), 1952. Regie: Vincent Sherman. Mit Glenn Ford.

Salome, 1953. Regie: William Dieterle. Mit Stewart Granger, Charles Laughton.

Miss Sadie Thompson (Fegefeuer), 1953. Regie: Curtis Bernhardt. Mit José Ferrer, Aldo Ray.

Fire Down Below (Spiel mit dem Feuer), 1957. Regie: Robert Parrish. Mit Robert Mitchum, Jack Lemmon.

Auswahlbibliographie

Zu Rita Hayworth

Neil Grant (ed.), Rita Hayworth in her own words.London 1992

James Hill, Rita Hayworth, New York 1983

John Kobal, Rita Hayworth. The Time, the Place, the Woman, New York 1978

Barbara Leaming, If This Was Happening. A Biography of Rita Hayworth, New York 1989

Adrienne L. McLean, Being Rita Hayworth. Hollywood, history and discourses of identity, Thesis Atlanta, Georgia 1994

Joe Morella and Edward Z. Epstein, Rita. The life of Rita Hayworth, New York 1983

Gene Ringgold, The Films of Rita Hayworth. The legend and career of a love goddess, Secaucus 1974

Zum Thema

Bernard F. Dick (ed.), Columbia Pictures. Portrait of a studio, University Press of Kentucky 1991

Richard Dyer, Heavenly Bodies. Films, Stars and Society, London 1986

Lester D. Friedman (ed.), Unspeakable Images. Ethnicity and the American Cinema, Urbana 1991

E. Ann Kaplan (ed.), Women in Film Noir, London 1978

E. A. Kaplan, Women and Films. Both Sides of the Camera, New York 1983

Ethan Mordden, Movie star: A Look at the woman who made Hollywood, New York 1983

Michael Renov, Hollywood's Wartime Woman. Representation and Ideology, Ann Arbor 1988

Bob Thomas, King Cohn. The Life and Time of Harry Cohn, New York 1967

Alexander Walker, Stardom, New York 1970

Textnachweise

Der Liebesgöttinnenkult, aus: Winthrop Sargeant, The Cult of The Love Goddess in America, in: *Life*, 10. November 1947

Die weibliche Offenbarung, aus: Jean Améry, Karrieren und Köpfe. Bildnisse berühmter Zeitgenossen, Zürich 1955

Vom Geschlechterkampf, aus: Charles Siclier, Le mythe de la femme dans le cinema americain, Paris 1956

Einstellungen, aus: John Kobal, Rita Hayworth, The Time, the Place, the Woman, New York 1978

Zerfall der Persönlichkeit, in: Süddeutsche Zeitung vom 9. Oktober 1974

Dreharbeiten in Tobago, aus: Robert Parrish, Hollywood Does'nt Live Here Anymore, Boston 1988

Was Journalisten empört, aus: Das süße Leben der Rita Hayworth, in: *Der Stern,* Heft 8, 1961

Hollywood Heartbreak, aus: Bernard Drew, Heartbreak Hollywood, in: American Film (Washington, D.C.), Juni 1977

Der langsame Tod, aus: Rosemary Santini and Katherine Barrett, The tragedy of Rita Hayworth, in: Ladies Home Journal, Januar 1983

Die unzerstörbare Schönheit, in: Frankfurter Allgemeine Zeitung vom 18. Mai 1987

Übersetzungsnachweise

Die Texte des Bandes wurden aus dem Englischen übertragen von Ebba Drolshagen (Winthrop Sargeant, Bernard Drew, Rosemary Santini/Katherine Barrett), Cora Gutiérrez (John Kobal) und Anna Seifert (Robert Parrish) sowie aus dem Französischen von Beate Pichler (Jacques Siclier).

apropos Lee Miller

Mit einem Essay
von Antony Penrose
ISBN 3-8015-0278-3

Starmodell, Photographin und Kriegsberichterstatterin. Das aufregende wie rastlose Leben der Lee Miller (1907-1977) ist umrankt von Legenden. Die junge Amerikanerin zieht es 1929 nach Paris, wo sie Man Rays Modell, Schülerin und Geliebte wird. Paris bleibt nur eine Station in ihrem Leben. Über Ägypten und die USA geht sie nach England. Sie ist so launisch wie großzügig, so kämpferisch wie loyal. Während des Krieges arbeitet sie als Photojournalistin für »Vogue«. Ihre Bilder und Texte dokumentieren zerstörte Städte und tiefes menschliches Leid. Nach 1945 fällt es Lee Miller schwer, zur Modephotographie zurückzukehren. Sie heiratet den englischen Maler Roland Penrose, bekommt Sohn Antony, und kapselt sich mehr und mehr von der Umwelt ab. Sie stirbt 1977 im Alter von 70 Jahren in Sussex.

Antony Penrose versucht in seinem Essay, das »Rätsel Lee Miller« zu lösen. Dabei erfährt er von Ereignissen und Brüchen in ihrer Biographie und findet auf diesem Wege ein spätes Verständnis für seine Mutter, die ihm zu Lebzeiten eine Fremde war.

Verlag Neue Kritik • Kettenhofweg 53 • 60325 Frankfurt